# DAS

# MILLENNIAL-

# MANIFEST

ROWOHLT
TASCHENBUCH
VERLAG

# BIANCA JANKOVSKA

Originalausgabe · Veröffentlicht im Rowohlt Taschenbuch Verlag,
Reinbek bei Hamburg, November 2018 · Copyright © 2018 by
Rowohlt Verlag GmbH, Reinbek bei Hamburg · Umschlaggestaltung
zero-media.net, München · Umschlagabbildung FinePic®, München ·
Satz aus der Diogenes · Gesamtherstellung CPI books GmbH, Leck,
Germany · ISBN 978 3 499 63384 3

**FÜR UNS**

# INHALT

## TEIL ZWEI

## Willkommen in der Ellbogengesellschaft

## TEIL DREI

## Namaste My Ass

# WIE SOLL ICH DAS ALLES DIE NÄCHSTEN 50 JAHRE AUSHALTEN?

*Berlin, Juni 2018.*

Es ist spät an diesem Mittwochnachmittag, als ich beschließe, joggen zu gehen. Ich bin gerade bei der zweiten Runde, da ruft mich eine unbekannte Nummer an. Der Bildschirm meines Smartphones blinkt nervös.

Normalerweise würde ich jetzt nicht abheben, weil ich Feierabend habe, aber ich tue es trotzdem. Ein bisschen aus Angst, ein bisschen aus Paranoia.

Eine junge Frau am anderen Ende der Leitung fragt, ob ich «kurz Zeit» hätte. *Natürlich* habe ich «kurz Zeit», egal, was ich gerade mache, wie immer bei potenziell lukrativen Gesprächen, obwohl ich gleichzeitig seit Wochen vergesse, meine Babka zurückzurufen. Die junge Frau stellt die Firma vor, für die sie arbeitet, und erklärt, warum sie anruft: Sie möchte mich einladen, einen 30-minütigen *Talk* vor hundertfünfzig Personen zu halten. Ich bin selbständige Autorin und Medienwissenschaftlerin und verdiene mein Geld mit Auftragsarbeiten.

Ob ich kurz und knackig mein Konzept vorstellen könnte, bittet mich die junge Stimme am anderen Ende jetzt ein wenig energischer. Ich habe aufgehört zu laufen. «Wie, jetzt sofort?», frage ich. Die wichtigsten Bullet-Points meiner hart erarbeiteten Kernfähigkeiten liegen für Fälle wie diese säuberlich aufbereitet und geordnet auf meiner Zunge. *Natürlich* kann ich.

Als ich eine Viertelstunde und anderthalb Kilometer später fertig bin mit den möglichen *Insights* und *Learnings*, mit der situationsangepassten Präsentation meiner selbst und von allem, was zum Gesamtpaket einer beruflich flexiblen Mittzwanzigerin dazugehört, möchte mein Gegenüber zuschlagen. Das fertig ausgearbeitete und verschriftlichte Konzept, so der gedankenlos geäußerte Wunsch zum Schluss, liefere ich dann «am besten noch heute». Was *ich* mir erwarte, schwebt wie die orientierungslose Moskitohorde in der Luft und interessiert wie immer niemanden.

Ob ich noch eine Frage hätte, will die Frau wissen, während ich in meiner zehn Jahre alten Jogginghose schwitzend im Park stehe.

«Wie sieht es denn mit dem Honorar aus?», frage ich. – «Also Honorar haben wir dafür keines vorgesehen», tönt es aus dem Hörer. Aber eine Bühne würde ich bekommen. Ein bisschen Rampenlicht. Aufmerksamkeit für «die anderen Dinge, die ich so tue». «Ja, aber davon kann ich doch meine Miete nicht bezahlen», sage ich mit Blick auf die Bäume vor mir. «Ja, das weiß ich. Aber die anderen Speaker bei uns haben auch kein Geld bekommen.»

Am liebsten würde ich etwas sehr Dummes antworten, wie: «Wenn die anderen vom Hochhaus springen, springst du dann auch?» – aber wir sind nicht mehr im Kindergarten. Wir sind mitten in der Realität einer digitalen Arbeitsgesellschaft angekommen, die sich zwanzig Jahre zu früh vor Robotern fürchtet und gleichzeitig unfähig ist, lebende Menschen gerecht und ihren Fähigkeiten entsprechend zu entlohnen.

In einer Gesellschaft, die Aufmerksamkeit jederzeit guten Gewissens gegen jahrelang trainiertes Handwerk und Studienabschlüsse tauscht, weil Geld nur noch die halbe Miete ist und

Menschen, die es eigentlich besser wissen sollten, beteuern, dass das doch «ein fairer Tausch» wäre. So auch die junge Frau am Telefon, die auf meine Entscheidung wartet.

Ich denke über die Vorteile nach. Ich würde kostenlos eine Plattform bekommen, auf der ich meine Talente wie eine Maturareisen-Promoterin anpreisen und vortanzen könnte, woraufhin sich neue Kontakte ergeben würden. Also, eventuell.[*] Garantieren kann mir ein künftiges Honorar natürlich niemand. Jeder ist selbst dafür verantwortlich, «das Beste aus dem eigenen Leben herauszuholen».

Ich frage mich, warum kein Aufschrei durch die Reihen meiner Koleidenden geht? Ob fest angestellt, studierend, volontierend oder freiberuflich: Warum halten wir nicht zusammen, wenn wir uns schon die grotesken Arbeitsbedingungen teilen? Wo sind all die anderen Menschen, denen irgendwo in Deutschland, in Österreich, in der Schweiz, ja, überall in Europa genau in dieser Minute dasselbe widerfährt?

Kreative und Nicht-Kreative. Warum um Himmels willen können sich klassisch kommerziell agierende Firmen immer noch erlauben, uns nicht zu bezahlen, ohne dass sich das namentlich rumspricht? Beim Handwerker würde auch niemand auf die Idee kommen, ihm den Schlüssel für die Wohnung zu überreichen und seine Arbeit damit als getan und entlohnt abzuhaken. Oder anders gefragt: Warum bekomme ich sonst jedes

---

[*] Die Annahme, dass der Werbeeffekt Bezahlung genug sei, ist weitverbreitet. Das funktioniert leider nur so lange, wie man als Millennial hauptberuflich mit etwas anderem Geld verdient. Dasselbe gilt für kostenlose Fachartikel, die etablierte Unternehmer als PR-Maßnahme publizieren und damit die Löhne für eine ganze Branche drücken. In dem Moment, in dem ich mein Geld als Fachautorin verdienen möchte, kann ich keine kostenlosen Artikel mehr schreiben. Außer natürlich, Daddy finanziert mich bis an mein Lebensende. Soll es auch geben. Diese Glücklichen.

Mal eine 60-Euro-Rechnung, wenn mir jemand Professionelles bei Montagen hilft?

Ich frage mich: Welches Bild soll die junge Frau am Telefon, von der ich später erfahre, dass sie von ihrem Chef dazu gedrängt wurde, mich zu diesen Konditionen «einzukaufen», von der Arbeitsgesellschaft bekommen, in der gut ausgebildete Frauen wie ich nach drei Universitätsabschlüssen und einem Buchvertrag maximal mit einem «Gratis»-Talk gelockt werden – weil ich es *gerne* mache?

Wir leben in einer Welt, in der so viele dankend und buckelnd in der Hoffnung auf ein wenig Prestige bei kruden Machenschaften mitziehen und sich mies oder gar nicht bezahlen lassen, sodass Machthabende weiterhin nichts ändern müssen und auf dem längeren Ast sitzen bleiben, weil sich ohnehin niemand traut, ihn anzusägen. Als ob unser Wissen nichts wert wäre. Als ob *wir* nichts wert wären.

Es waren viele verschiedene Momente wie diese, in unterschiedlichen Abschnitten meines Lebens, die letztlich in dieses Buch eingeflossen sind. Praktika, die nicht entlohnt wurden. Telefonate, in denen ich kurz davorstand, schlechte Deals zu unterzeichnen, weil mir niemand erklärt hat, was es bedeutet, für sich selbst einzustehen.

Weil mir niemand gesagt hat, dass es okay ist, bezahlt werden zu *wollen*. «Wir müssen holen, was uns zusteht, wir müssen verstehen, was uns genommen wird», schreibt Charlotte Roche in ihrer SZ-Kolumne.[1] Wir sollen nicht denken: Es ist unsexy, geldgeil zu sein. Wir sollen denken: «Meine Arbeit ist geil, du willst mich, du brauchst mich, und du bezahlst gerne dafür.» Mit Geld kann man sich in unserer Gesellschaft nun mal eine Wohnung leisten und das bisschen Freiheit, das an einem guten Tag nach fünfzig E-Mails übrig bleibt.

Geld verhindert ungesunde Abhängigkeiten – sei es vom Partner oder von den Eltern, die heute vielleicht folgenden Fehler als ihren größten erkennen können: mir und meinen Mittel-schichtsfreunden damals ein paar Dinge zu viel versprochen zu haben. Es geht nämlich schon lange nicht mehr ausschließlich ums Finanzielle.

Als Kind der Neunziger, das schon in der Vorschule pädago-gisch sorgfältig vermitteltes Englisch lernte und seine Geburts-tage fröhlich bei McDonald's feierte, habe ich vieles nicht kom-men sehen. Ich dachte tatsächlich, dass mich nach jahrelangem Bulimie-Lernen und unterbezahlten Uni-Jobs etwas erwarten würde, das nicht nur auf LinkedIn nach Traumjob aussah, son-dern verdammt noch mal in der Realität ein bisschen mehr nach Würde als nach Abfuck schmeckte.

Mit 25, so hatten es meine Eltern vorgelebt, würde ich mit meiner besseren Hälfte von unserem selbst verdienten Gehalt ein Eigenheim am Stadtrand kaufen, Autos leasen und glück-liche Kinder mit skandinavischen Vornamen in die Welt setzen. Die Leichtigkeit, die früher den Übergang von Statusgrenzen bestimmt hat: den Einstieg ins Berufsleben, das eigenständige Wohnen, die Familiengründung. All das, es ist uns genommen worden. Niemand kann mehr darauf vertrauen, dass ein Leben nach altbekannten Mustern verlaufen wird. Und so bin auch ich im Glauben groß geworden, mir stünden die Türen offen, wenn ich anständig in der Reihe stehe – oder zumindest lange genug dagegentrete. Spätestens beim Blick auf meinen ersten Gehaltszettel wurde mir klar: Das mit dem Eigenheim könn-te knapp werden, selbst wenn ich für den Rest meines Lebens auf den Avocado-Toast im hippen Deli verzichte, während mir ältere Semester in Range Rovern – ja, genau die, die in der zweiten Hälfte des letzten Jahrhunderts Grundstücke hinter-hergeschmissen bekamen und $CO_2$ verballerten als sei es Koks im Berghain – vorwerfen, «zu viel zu wollen».

Es mag ja sein, dass mich Schule, Eltern, ältere Geschwister und Verwandte auf gewisse Dinge im Leben vorbereitet hatten.

Den Eintritt ins Erwerbsleben haben sie vergessen. Die vielen Abende, an denen es mir vor einem anstehenden Tag voller To-do-Listen, irrelevanten Meetings oder Nachrichten in Whats-App-Gruppen grauen würde. Die zähen Verhandlungen mit Vorgesetzten, die sich mehr um den Profit als um meine Grenzen scherten. Die ersten Monate und vielleicht sogar Jahre, die ich nach einer 40+-Stunden-Woche zu Hause im Unterhemd auf dem Sofa mit Netflix verbringen würde, unfähig, auch nur einen klaren Gedanken an etwas anderes als die auferlegten Aufgaben zu fassen. Den Kampf, den ich würde führen müssen, um das zu bekommen, was mir gehört.

Nach unzähligen Semestern, in denen mir an der Universität beigebracht worden war, eigenständig zu denken und Autoritäten zu hinterfragen, sollte ich mich nach Ende des Studiums in festgefahrenen Arbeitsstrukturen wiederfinden, die schon in den frühen Zweitausendern nicht funktionierten.

Von der Schattenseite, heute jung zu sein, möchte keiner sprechen. Es ist leichter, mittels Social Media den Schein eines selbstbestimmten #feelgood-Lebens vorzugaukeln, in dem die Zukunft einer ganzen Generation nichts weiter ist als ein blinder Fleck auf Google Maps. Als ob das Leben nicht so schon anstrengend genug wäre, geißeln wir uns zusätzlich mit nicht entzifferbaren Codes und bedeutungsschwangeren Emojis, deren Interpretationsspielraum im Worst Case einen ganzen Abend mit «He said, she said»-Gelaber einnehmen kann.

Ich sage: Ain't nobody got time for that. Genauso wenig wie für Dates, die sich seit Wochen nicht per WhatsApp melden, dafür aber jede Insta-Story eine Sekunde nach dem Upload streamen, als sei es olympischer Leistungssport. Wir müssen endlich aufhören, an Liebe auf den ersten Blick zu glauben, und stattdessen erkennen, dass der Topf zu unserem Deckel Selbstwert heißt. Egal, in welchem Belang.

Ich habe den Auftrag übrigens nicht angenommen. Ich werde so etwas nicht machen. Heute nicht, morgen nicht, ja, überhaupt nie mehr.

Es folgte eine ziemlich beleidigte E-Mail vom Chef persönlich. Sie soll nicht die letzte gewesen sein.

## TEIL EINS

## KANN DAS LIEBE, ODER IST DAS WEG?

Ich gehe auf Online-Dates, seit ich 15 bin. Damals hat das natürlich niemand so genannt, wenn man sich aus dem Kinderzimmer heraus heimlich in MSN-Chats zum Kinobesuch im Cineplexx verabredete. «Menschen aus dem Internet treffen» wurde von Eltern ungefähr demselben Gefahrenlevel zugerechnet wie casual Heroinkonsum.

Es gab eine Seite mit dem attraktiven Namen «Websingles», die sich vermutlich ursprünglich an 45-jährige Bipa-Verkäuferinnen richtete, für uns allerdings wie eine österreichische Version von MySpace funktionierte und im Grunde genommen aus nebeneinander aufgereihten Fotos von Teenagerköpfen bestand, die man vom Schulflur kannte und die sich gegenseitig Digicam-Fotos und Forever-together-Liebesschwüre auf die Pinnwand posteten.

Im Herbst 2007 schrieb mir ein User mit dem Nickname «mani90». Ich kannte ihn nicht persönlich. Vermutlich hatten wir gemeinsame Bekannte, die sich am Wochenende RedBull-Wodka-Kübel in der Dorfdisco teilten und nebenberuflich Ed-Hardy-Kappen versteigerten. Er sah gut aus, sofern ich das durch seine verpixelten Webcam-Fotos beurteilen konnte. Groß, dünn, braune Haare.

Es reichte fürs Erste.

Ein paar Tage später traf ich mich mit ihm am Schwedenplatz

auf ein Cola im Köö. Meinen Eltern habe ich irgendeinen Teen-ager-Blödsinn erzählt (sorry, Mama), damit sie sich wegen des Heroins keine zu großen Sorgen machten.

Ich weiß noch, wie ich die Rolltreppen von der U1 hoch zur Rotenturmstraße gefahren bin, mit meiner Bomberjacke, schweißnassen Händen und geglätteten Haaren, die sich schon am Ansatz vom Nieselregen unangenehm kräuselten, und wie er mit seinen grazilen Fußballerwaden erwartungsvoll oben auf mich wartete, als ob er nicht ganz genau wüsste, dass wir beide um 23 Uhr wieder zu Hause bei den Eltern sein müssten.

Er war schöner als auf den Fotos. Was er wohl über mich dach-te? Es konnte nichts allzu Schlechtes gewesen sein, denn ab dem darauffolgenden Wochenende steckten unsere Zungen tief im Hals des jeweils anderen.

Von da an wusste ich: Das Prinzip, unbekannte Menschen zu unpassenden Zeitpunkten auf abgelegenen Parkbänken zu tref-fen, es funktionierte. Es funktionierte, indem es mir regelmäßig neue Körper ins Leben spülte, die mich zwischen Schulende und Schulanfang, zwischen Vorlesung und Vorlesung, Arbeitsalltag und Arbeitsalltag davon ablenkten, ich zu sein.

Zehn Jahre später in Berlin hatte ich die Kim Bar als Treffpunkt vorgeschlagen. Ich mag das, wenn ich eine Bar, in der später Kör-perflüssigkeiten ausgetauscht werden könnten, noch nie betre-ten habe. Dann muss ich nicht so tun, als ob ich nicht ohnehin wüsste, wie viel der beste Drink kostet, weil ich ihn vergangenes Wochenende mit jemand anderem probiert habe.

Was sind das für Menschen, die jedes Jahr mit ihrer neuen Freundin in denselben Urlaubsort fahren?

Er war aus Brighton und optisch mit dem einstigen Beute-schema von Hugh Hefner zu vergleichen: blond. Dünn. Hübsch. Genauso groß wie ich. Ein Fakt, den sich der Engländer nicht ins Profil geschrieben hatte.

Es gibt diese Treffen, die ziehen sich von der ersten ungeschickten Frage bis zur herbeigesehnten Verabschiedung anderthalb Stunden später wie eine Mathestunde in der Unterstufe. Und dann gibt es diese Treffen, wegen denen man beinahe die letzte U-Bahn verpasst.

Der Engländer versuchte erst gar nicht, seine Nervosität zu überspielen oder die Sekunden, in denen wir kurz davorstanden, uns zu küssen, mit rhetorischen Fragen zu füllen. Er war bescheiden in der Art, wie er über sich selbst sprach. Großzügig, wenn es ums Bezahlen der Drinks ging, und anekdotisch brillant bei der Darstellung seiner Vergangenheit in England. Außerdem konnte er fließend Tschechisch, *dobrý den miláčku*. Welcher Engländer kann das schon von sich behaupten, der nur ein paar Monate in Prag gelebt hat?

Wir hatten zwei Drinks und keine Sekunde Smalltalk zu uns genommen. Es war eines dieser raren, echten *Dates*, das diesen Namen auch verdient; nach dem man das Gefühl hat, wahrhaftig am Leben zu sein und sich in einer aufregenden Phase des irdischen Daseins zu befinden, in dem gleich alles möglich scheint, weil man gerade einem Fremden scheinbar grundlos die intimsten Momente der eigenen Jugend offenbarte, ohne sich später für die ohnehin viel zu selten nach außen getragene Offenheit zu schämen.

Er kam nicht mit zu mir, aber er schrieb mir eine Nachricht, dass er es hätte tun sollen. Gerne würde er mich nächstes Wochenende in die Ausstellung seines Kumpels mitnehmen.

Eine Verbindung wie unsere, die hatte er schon lange nicht mehr in dieser Gewalt erlebt.

\* \* \*

Ich weiß bis heute nicht, was Liebe ist. Ich weiß nur, was sie nicht ist. Nicht kann. Liebe ist nicht dieses beunruhigende Gefühl in der Magen-Darm-Gegend, das automatisch Alarm schlägt, wenn eine Nachricht zu lange auf sich warten und mich wegen dahingesagten Nichtigkeiten grübeln lässt, obwohl ein Treffen abgesprochen war. Liebe ist nicht, wegzufahren für vierzehn Tage, ohne Bescheid zu geben. Liebe ist nicht, vielleicht in fünf Jahren zusammenzuziehen.

Liebe lässt mich durchschlafen. Liebe ruft mich an. Liebe ist zu vergessen, wer ich bin, wenn ich den Rest des Tages funktionieren muss.

Wenn ich jemanden nicht liebe, dann funktioniert diese Katharsis nicht auf Dauer, dann funktioniert sie nur für ein paar Tage, Wochen. Vielleicht Monate, jedenfalls nur so lange, bis ich realisiere, dass sie es nicht tut. Sie hält nicht genuin, und sie funktioniert ganz bestimmt nicht langfristig. Weil etwas fehlt.

Ein Element, das ich bis heute nicht benennen, nicht erzwingen kann. Es ist einfach nicht da. Und es kommt nicht, wenn ich anfange, in den hintersten Ecken des anderen danach zu suchen.

Ich habe alles versucht.

Gemeinsam in den Urlaub fahren. Im Stadtbad schwimmen gehen. Pommes in die Nase stecken. Geburtstagsfeiern mit Freunden. Zelten in Bayern. In der ÖBB auf dem Zugboden sitzen und schwitzen. Dieses sogenannte echte Leben «einfach mal genießen» und keine Fotos davon posten. Eltern kennenlernen. So tun, bei Kaffee und Kuchen, als ob es Zukunft hätte. Ich habe pflichtbewusst Gefühle und Zukunftspläne vorgetäuscht wie andere die Abgabe ihrer Masterarbeit, warum spricht bitte schön da niemand drüber, weil ich glauben wollte, dass *es* schon noch kommt. Dass sich der Schalter irgendwann umlegen wird, von nein auf ja, einfach so. Weil ich es will.

Es ist nie passiert.

Auch nicht beim Engländer. Ich habe ihn noch einmal einen knappen Monat später getroffen und dann nie wieder gesehen. Ich habe nie erfahren, was hinter seinem ambivalenten Verhalten steckte. Mal schrieb er mir jeden Tag. Dann drei Wochen gar nicht. Es sind ungelöste Kapitel wie diese, die wir trotz ständiger digitaler Verfügbarkeit nicht mit uns alleine lösen können, ohne dabei verrückt zu werden.

Wir, die als erste Generation den Luxus genießen, uns nicht um jeden Preis am vorstädtischen Familienideal der neunziger Jahre orientieren zu müssen, stehen vor der Herausforderung, neue Werte und Normen für die Lücken zu etablieren, die die Digitalisierung hinterlassen hat, ohne uns dabei regelmäßig unsere Beziehungsfähigkeit absprechen zu lassen, weil wir nicht sofort mit Mann und Kind ins Reihenhaus ziehen.

Wir müssen darüber sprechen, was es bedeutet, keine Antwort auf eine Frage bei Facebook, dafür ein Herz auf Instagram zu bekommen, und wir müssen erkennen, dass es immer wertlos ist, geghosted zu werden – ganz gleich, wie man beim letzten Treffen auseinandergegangen ist.

Denn egal, ob wir uns online kennengelernt haben oder nicht: Die Art und Weise, wie wir unser Smartphone für den zwischenmenschlichen Kontakt nutzen, ist zu einer neuen Handschrift geworden, die im Zweifel darüber entscheidet, ob eine Beziehung Bestand hat oder nicht.

## Jetzt mal unter uns:
## Keiner hat Lust, «sich kennenzulernen»

«Es ist eben so, dass der Versuch, ständig zu gefallen, mit Liebesbeziehungen unvereinbar ist. Früher oder später findet man sich doch in der schrecklichen Schreierei eines Streits wieder und hört Sachen aus dem eigenen Mund kommen, die einem ganz und gar nicht gefallen, Sachen, die das Selbstbild vom fairen, attraktiven, beherrschten, witzigen Menschen, der gefällt, zertrümmern.»

**JONATHAN FRANZEN**

Kann sich noch jemand an den Film «50 erste Dates» erinnern? Drew Barrymore spielt darin eine Frau, die ihr Kurzzeitgedächtnis bei einem Autounfall verloren hat und sich in einen Tierarzt verliebt – gespielt von Adam Sandler –, der sie fortan jeden Tag aufs Neue überzeugen muss, bei ihm zu bleiben.

Jeden Tag muss er ihr erklären, warum sie zusammen sind, was sie noch gleich toll an ihm fand, wo ihr erstes Date stattfand. Manchmal geht das gut, und sie fangen am Ende des Tages an, auf hawaiischen Felsvorsprüngen zu knutschen. Manchmal zieht sie ihm eins über.

Die Damen und Herren der Filmindustrie wussten: Die ersten holprigen Momente des Zusammentreffens, die peinlichen Sekunden des Schweigens, bevor beide gleichzeitig eine Frage stellen und dem anderen das Wort abschneiden – all das ist so *hilarious*, so entwürdigend auf eine bewusst ironische Weise, dass die paradoxesten Dialoge für die Nachwelt festgehalten werden müssen wie vergilbte Hochzeitsfotos auf Raufasertapeten.

Schon die Vorstellung eines ersten Dates in Endlosschleife lässt meine Eierstöcke absterben. Aus der Reihe «besonders unangenehm»: vor einem Lokal oder Geldautomaten auf die Person zu warten, von der man nicht ganz sicher ist, wie sie ausschaut, weil man sie entweder im Internet oder beim letzten Vollrausch aufgerissen hat und nicht weiß, in welche Richtung man nach *was* Ausschau halten soll. Wirkt es *obsessed*, jetzt noch aufs Smartphone zu schielen oder, noch komischer vielleicht: eine SMS mit den Worten «Stehe Ecke Lindengasse» zu versenden wie ein Drogendealer?

So aufregend erste Begegnungen auch sein können, mir sind sie mit zu großen nervlichen Nachbeben verbunden. Wann würde endlich der Part kommen, an dem ich offenbaren durfte, wie bedürftig und hungrig ich eigentlich war nach schlaksigen Unterschenkeln und sommersprossigen Oberarmen, die Zeit, in der ich mich automatisch für den nächsten Abend einplanen durfte, ohne dafür eine Genehmigungslizenz einzuholen? Ich wollte straight vom ersten Margarita *genau* da hin (zumindest, bis ich wahrhaftig dort war), und zwar so schnell und mit so wenigen Umwegen wie möglich den Menschen verbrauchen und nicht noch vorher zehn Dates «Kennenlernen spielen» wie eine Partie Uno.

Ich wollte nicht erst um seine Gunst kämpfen und mich im Wochenrhythmus mit allen neuen Frauen, denen er *plötzlich* auf Instagram folgt, vergleichen. Die eine sein, egal für wen. Am besten wie Safari als programmierte Smartphone-Einstellung bei jedem.

Dann könnte ich mir auch für die inhaltsleeren Stunden, die ich für die häppchenweise Aufarbeitung meiner Vergangenheit brauche, jährlich achtzehn neue Bücher kaufen. Praktisch wäre auch ein Chip, den ich mit allerlei wichtigen Informationen bespielen könnte. Ein Chip, der meinem Gegenüber sagt, dass ich klatschende Hände auf Konzerten, ja Konzerte ganz allgemein meide und dafür Ketchup auf kalten Nudeln liebe, dass ich Füße im Gegensatz zum Rest der Welt eher schön als hässlich finde und noch nie in meinem Leben eine Gurke gegessen hab. Ich würde den Chip mit unscheinbaren, unwichtigen Informationen wie diesen bespielen und ihn der anderen Person direkt in den Neocortex stecken, wenn ich könnte. Zack!

Aber von wegen Digitalgesellschaft. Wir züchten Laborhaut und klonen Schafe, die wiederholte Vorstellung der eigenen Person allerdings soll für den Rest des Lebens fixer Bestandteil eines jeden Erstgesprächs sein. Wer hat schon Lust, immer und immer wieder von vorne anzufangen, wenn er die Option hat, einfach unter die Bettdecke einer bekannten Person in die zu Unrecht kritisierte Komfortzone zu kriechen? Wer hat Lust, Schicht für Schicht abzulegen, um am Ende doch wieder alleine und nackt mit all seinen Unstimmigkeiten zurückgelassen zu werden?

Das, was andere an Dates schätzen (Spannung! Hoffnung! Körperkontakt!), ist für mich ein Hochrisikofaktor, den ich nur unter sehr widrigen Umständen bereit bin auszuhalten wie einen gynäkologischen Abstrich alle sechs bis zwölf Monate. Dann, wenn ein Tag nicht mehr schlechter werden kann. Momente, in denen ich kurz davor bin, zu kündigen, oder aus unerklärlichen Gründen entschieden habe, etwas anderes als C5 bei meinem Lieblingschinesen im Wedding zu bestellen.

Ich wünschte, ich könnte einen Flyer austeilen für No-go-Themen und alte Trigger.

Was, wenn er nicht an die Evolutionstheorie glaubt oder, noch schlimmer: Sozialwissenschaften nicht für eine *richtige* Wissenschaft «so wie Mathematik» hält und mir im Laufe der darauffolgenden Diskussion selbstbewusst mein komplettes Studium abspricht. Ich bin nicht auf so etwas vorbereitet. Niemand sollte auf so etwas vorbereitet sein.

Einmal hat ein Typ behauptet, dass er Medizin studiert, obwohl er in Wahrheit eine einjährige Auszeit genommen hatte, um dann vielleicht doch eher «so in Richtung Philosophie zu gehen». SO IN RICHTUNG PHILOSOPHIE.

Ein anderer gab vor, sich von seiner Freundin getrennt zu haben, mit der er seit zwei Jahren zusammenlebte, ohne eine realistische Ausrede dafür zu erfinden, warum ich ihn nicht zu Hause abholen konnte. Seine Zurückhaltung, die anfangs noch als mystisch durchgehen konnte, entpuppte sich als Depression.

Es kann ja wirklich jeder so depressiv sein, wie er will, darum geht es nicht. Jeder kann «nicht er selbst» sein, für zweieinhalb Stunden. Aber schaff das mal hochgerechnet auf ein Jahr!

Es kommt später eh alles raus, was man vorher erfolgreich nicht erzählt hat. Die reichen Eltern. Die armen Eltern. Der Vater mit der Kunstprofessur. Die Mutter mit dem Alkoholproblem. Die Bindungsangst. Diese eine Sache, die dann im Internet gelandet und seither nicht mehr aus den Google-Suchergebnissen verschwunden ist. Die Verlobung. Die Bude mit der Exfreundin, in der man noch immer wohnt, ohne die hässliche, gemeinsam auf dem Flohmarkt erworbene Couch endlich auf dem Sperrmüll zu entsorgen, weil die Katze gern drauf schläft.

Es fällt mir schwer, zwischen vermeintlich fünfzig Optionen im Smartphone abzuwägen und nach ein paar schwierigen Geburten nicht wie eine Miesmuschel zuzumachen, wenn keiner bereit ist, seine Hosen runterzulassen.

Der Ärger über den Gin Tonic, den ich doch noch getrunken, das Schnitzel, das ich für unfassbare 23 Euro bestellt und in unangenehmer Atmosphäre runtergeschlungen habe, weil ich aus Höflichkeitsgründen nicht schon nach den ersten drei Minuten gehen wollte – sie sind ein Grund, warum ich keine Lust habe, ihn oder sie oder dich kennenzulernen.

Der andere ist mein Haufen Erinnerung, den ich nicht teilen kann. Zumindest nicht mit der Person, die jetzt vor mir sitzt und sich auf einen «netten Abend» freut. Weil sie nicht dabei war, als ich mit dem Rauchen aufhörte und stattdessen einen Food-Blog gründete, oder diesen Streit mit meiner Studienfreundin hatte, mein Gott, sie weiß nicht einmal, wer meine Studienfreundin *ist*.

Es ist schwer, weil mich Kennenlernen auch immer daran erinnert, was ich verloren habe, während ich wie selbstverständlich Drinks und Geschichten ansetze und von den kleinen und großen Lieben, Umzügen und Erwartungen ans Leben erzähle, als ob all das davor ausgelöscht werden könnte mit ein bisschen neuem Feuer.

Anders als Drew Barrymore tut mir Adam Sandler leid, während ich die DVD aus meinem alten Recorder pule. Keine Erinnerungen zu haben, es scheint für die meisten von uns ein Ding der Unmöglichkeit.

## «Sich rar zu machen»
## ist einfach nur ein saudummer Ratschlag

> «You can't get high off of love? I don't think I want a love that
> doesn't make me feel amazing», he said.
> «I don't know if that's love or something else», I said. «But I
> don't think it's love if the person disappears.»
>
> **MELISSA BRODER**

Es ist relativ unüblich, dass ich zum Handy greife um diese Uhrzeit, aber ich kann nicht schlafen. Vorgestern trank er noch Radler aus meinem Bauchnabel und schwor auf Ehrlichkeit als wichtigste Komponente jeder großen Liebe, 48 Stunden später hat sich mein «Wir müssen unbedingt auf ein drittes Date gehen»-Engländer immer noch nicht zu einer WhatsApp hinreißen lassen, obwohl er dazwischen 47 Mal online war. Letzten Endes sind Männer wie er eben genauso wie volles Haar bei Typen Anfang dreißig, sag ich mir: zu schön, um wahr zu sein.

> «Hey, how are you? In case I sent off some wrong vibes: I just
> wanted to let you know that I really enjoyed our evening and
> check your plans for the upcoming weekend. I was thinking
> about going to a concert at Astra Kulturbrauerei. B.»

Schon in dem Moment, als ich die Nachricht absende, fühlt sie sich falsch an. Armselig irgendwie. Hatte ich etwas falsch gemacht? Vielleicht ein Tippfehler. Ich gehe jedes Wort durch, und dann noch mal. Meine Rechtfertigung am Anfang. Meine seltsame, nicht ausgesprochene Einladung zum Ende. Wenn er will, sag ich mir, wird das schon.

Zwei Stunden, zwei blaue Häkchen und drei Kolumnen von Heather Havrilesky später weiß ich: Er will nicht. Zumindest nicht mehr heute. Ich schalte mein Telefon in den «Vibrate»-Modus. Nur für den Fall. Schon bald erinnert mich die Situation entfernt an jene von frischgebackenen Eltern, die übermüdet und genervt über Nacht das Babyphon anlassen, um im Notfall da zu sein für den schreienden Säugling, nur dass es zwischen dem Engländer und mir, zumindest da war ich sicher, so schnell weder Notfall noch Baby geben würde.

Selbst wenn er doch noch vorschlagen würde, dass ich spontan den Nachtbus nehme, um in seine WG zu fahren, um am nächsten Tag mit seinen drei Mitbewohnern auf dem Balkon zu frühstücken wie jede andere x-beliebige Frau, die sich in den letzten Jahren nachts auf den Weg dorthin gemacht hatte, war ich ab heute *diese* Person. Die Frau, die sich wegen nichts verrückt machte. Einem Nichts, das sie nicht bekommen und sich währenddessen automatisch in etwas Besonderes verwandelt hatte.

Wie schaffen das Typen wie der Engländer? Durchschnittliche Männer in ihren Zwanzigern, die bislang nichts weiter geleistet haben, als nach Berlin zu ziehen und sich einen langweiligen Job zu suchen, und die ihren Marktwert alleine dadurch steigern, dass sie plötzlich verstummen für ein paar Tage wie ein Goldfisch? Ich fragte mich, wie er es in einem Paralleluniversum nicht für nötig hielt, unseren Chat-Verlauf zu öffnen und zurückzuschreiben, während ich versuchte, nicht durchzudrehen vor Sehnsucht nach seinem mir fremden Körper. Warum existierte er in dieser Realität, in der man bestimmte Fragen nicht stellen durfte, ohne den anderen abzuschrecken – und nicht ich?

Zwei Stunden und keine Antwort später hatte ich eine Vermutung.

Kann sich noch jemand an den fragwürdigen Beziehungs-ratschlag «Willst du etwas gelten, mach dich selten!» erinnern? Sprüche wie «Mach dich rar! Beantworte nicht jede SMS sofort, die du kriegst» oder «Es macht dich total spannend, wenn er um deine Gunst kämpfen muss!» haben meinen emotionalen Kompass seit der Pubertät auf den Kopf gestellt. Über ein Jahrzehnt hinweg demontierten sie mein Gefühl gemeinsam mit dem Zeiger für «richtig» und «falsch».

Es hat lange gedauert, bis ich trotz aller Warnungen von Tanten, Freundinnen und Frauenzeitschriften («Schreib ihm nicht!») wieder in der Lage war, meinem Gegenüber zu sagen, was Sache ist, und mich nicht von einer toxischen Beziehung in die nächste ritt – und es fühlt sich bis heute manchmal falsch an, Ansagen zu machen.

Vor allem dann, wenn keine Antwort als Belohnung auf meine mutige Frage folgt. Nichts ist ekelerregender als der Zeitraum nach einer holprigen Verabschiedung («So, well yeah, it was nice»), die alles offenlässt.

Mein Gefühl, nicht gewollt zu werden, steigerte sich mit jedem Tag, der seit der letzten Nachricht des Engländers vergangen war, so lange, bis ich kein Gefühl mehr dafür hatte, was ich selbst wollte. Wollte ich ihn, oder wollte ich eine Antwort? Ein kurzzeitiges High, das mich in meiner eigenen Großartigkeit bestätigte, weil es so unerwartet kam wie Beyoncés und Jay-Zs neues Album?

Ich bin kein großer Fan von Ghosting. Wie oft musste ich mich dem Procedere des halbgaren zwischenmenschlichen Eiertanzes noch aussetzen, der mich nicht essen, nicht arbeiten, nicht schlafen ließ, weil ich zu viel fühlte, weil meine Neuronen verrücktspielten, so, als ob schon bald etwas Großartiges passieren würde, nur um beim Nichteintreffen erneut enttäuscht zu sein.

Wann würde ich für mich eine Grenze ziehen können, ab der die Schönheit nicht für die ganze Scheiße aufwog, die ich erleben musste, weil sie in keinem Verhältnis stand. Weil die schönen Stunden nichts waren im Verhältnis zu den verwarteten Tagen, die sich in die Länge zogen wie Termine beim Berliner Bürgeramt.

Diese spezielle Art des Lovegames verursachte mir nicht nur Kopfschmerzen, sie führte auch dazu, dass ich nach einer Weile wegen Typen wie dem Engländer das Vertrauen in die Menschheit verlor – als ob es dafür nicht schon genug andere Gründe gäbe. Ganz abgesehen davon, dass Spielchen wie solche jegliche Bestrebungen um einvernehmlichen Sex wieder durcheinanderbrachten. Wenn «Nein» nur manchmal «Nein» heißt und situationsbedingt hin und wieder «Ja», wie zur Hölle soll dann irgendjemand den ungeschriebenen Unterschied erkennen? Wenn wir uns schon beim Schreiben nicht trauen, das zu sagen, was wir wirklich denken, wie sollen daraus erwachsene Beziehungen entstehen?

Fünf Tage später. Das Handy gibt ein Lebenszeichen von sich, während ich in der U-Bahn sitze. Der Dopamin-Level steigt. Meine Hände schwitzen.

«Hey Bianca. This week was really, really busy, sorry I didn't get back to you earlier. I am flying to Munich tomorrow, just wanted to let you know. Maybe another time.»

Ich dachte, dass es nicht mehr enger werden konnte um meinen Hals in dieser zwischenmenschlichen Sackgasse, bis ich die Nachricht zu Ende gelesen hatte. Ein schönes Paket hatte er sich da zusammengeschnürt. Zuerst zieht er sich für eine Woche wortlos wie ein Geist aus der Affäre und schiebt mich dann auf die lange Bank wie einen Termin beim Urologen, während er gleichzeitig etwas banal Menschliches tut, um nicht als komplettes Arschloch dazustehen: antworten. Und eine Möglichkeit in der Zukunft offenhalten. Die evolutionsbiologische Weiterentwicklung von «Willst du etwas gelten, mach dich selten» sozusagen. In ihrer Reinform.

«Maybe» ist dabei das englische Äquivalent zum österreichischen «schauen» und bedeutet so etwas wie «eher nicht machen». Wer schaut, hat überlegt und sich entschieden, es nicht zu machen. Klar kann es vorkommen, dass er wirklich viel arbeiten muss und kein gutes Zeitmanagement besitzt. Aber ich erinnere mich auch noch an die Nächte, als mein Teenage-Boyfriend nach seinem Kellnerjob nachts um eins bei mir aufkreuzte, weil er Sehnsucht hatte – und das, obwohl er am nächsten Tag arbeiten musste. Wieso wusste *er* auf magische Weise, wie weit er mit seiner Arbeit sein würde? War er Zauberer?

Ich möchte nicht sofort antworten, um ihm nicht auch noch diesen Triumph zu überlassen, jetzt, wo ich offensichtlich schon verloren habe, bis mir einfällt, dass es in dieser Situation gar keine Gewinner geben kann. Ich scheiß auf die Drei-Tage-Regel. Ich scheiß auf alles, was ich bisher gelernt habe, wenn es nicht Ehrlichkeit, Konsens und Respekt ist – und zücke ein letztes Mal mein Handy:

«Hey. I don't think, there's gonna be a next time. Have a nice trip to Munich. Just the best, Bianca»

Solange wir nicht wie unsere Großeltern in Hoffnung auf einen Anruf neben dem Telefon einschlafen wollen, sollten wir unseren Selbstwert in die Mangel nehmen und ein egobefreites Machtwort sprechen lassen.

Und nein, natürlich hat diese Prozedur nicht das Geringste mit Romantik zu tun. Für die einen bedeutet Romantik ein Candle-Light-Dinner. Für mich bedeutet Romantik, zu einem Arzttermin begleitet zu werden, vor dem ich Angst habe. Eine Antwort zu bekommen, bevor ich alt werde.

Bis nicht ein Gerät erfunden wurde, auf dem wir zwischenmenschliches Feedback wie nach einem Toilettenbesuch auf dem Flughafen eintragen können, müssen wir im Zweifel alte Binsenweisheiten überwinden, nachfragen und selbst mutig genug sein, um den Typ oder die Frau abzuschießen.

Er antwortet.

«Hey. Oh, what a pity? You sure?»

Ich lösche seine Nummer.

## Entschuldigung, bist du öfter hier?

«Is that all we become to one another? Shells of what we once loved? Shells we treasure like children, the memories bound up in ornate boxes.»

KATHLEEN FRENCH

Regel Nummer eins: Traue niemandem, der felsenfest davon überzeugt ist, mit sich «alleine» glücklich zu sein. Niemand ist «alleine mit sich glücklich», das weiß ich aus Erfahrung, denn dafür sind wir viel zu schwache Kreaturen, die sich viel zu oft mit viel zu vielen hässlichen Dingen wie Vermieterbestätigungen, Einkommenssteuererklärungen und sterbenden Großeltern beschäftigen müssen, als da ganz «alleine» mit klarzukommen. Jeder hält Ausschau nach jemandem. Und die, die Gegenteiliges behaupten, sind sehr gut darin, ihre Begierden zu verbergen.

Menschen in einer App auszuchecken fühlte sich nach einer langen Prä-Tinder-Beziehung ungefähr so an, wie einen Geschirrspüler zu kaufen, nachdem man das letzte Jahrzehnt mit der Hand abgewaschen hat. Alles ging etwas schneller, ja, und niemand erwartete, dass man die vertrockneten Lasagne-Überreste vor dem Schlafengehen aus der Pfanne kratzt. Es heißt ja immer, es gibt nur eine Person, die aus einer beendeten Beziehung als «Gewinner» hervorgeht. 284 Matches später sage ich: Sobald sich beide wieder auf dem freien Markt befinden und verzweifelt bei Tinder anmelden, hat keiner gewonnen.

Worauf ich nicht vorbereitet war: Nach ein paar unangenehmen ersten Dates und im Sande verlaufenen Konversationen wie jene mit dem Engländer würde der Moment kommen, in dem man die App zum dritten Mal «für immer» löscht und später doch wieder installiert, ohne darüber nachzudenken, wer von den sieben Ex-Gspusis* diese brillante Idee vor einem gehabt haben könnte.

Die Angst, bekannte Augenpaare in Momenten wiederzusehen, die in der Regel ohnehin nicht gerade vor Selbstliebe strotzen, greift in meinem Bekanntenkreis gerade um sich wie voreilige Reihenhauskäufe in Niederösterreich.

Ich für meinen Teil gehöre ja zu der Sorte Mensch, die sich eher einen Einlauf verpassen würde, als via Zufallsprinzip auf Typen in einer Bar zuzugehen und für fünfzehn Minuten Unterhaltung zu spielen. Mir und allen anderen, denen es gleich geht, bleibt also nichts anderes übrig, als auf den womöglich niemals eintreffenden Zufall im Supermarkt zu hoffen – oder weiterzumachen mit den bekannten digitalen Möglichkeiten. So ist es nur folgerichtig, dass wir uns nach einem missglückten Intermezzo voller Unstimmigkeiten wieder unauffällig dort aufhalten, wo alles angefangen hat, und dabei auf die Gnade des Algorithmus hoffen, der uns damals falsch zusammenfügte.

Wie viel Zeit muss seit der letzten Verabredung vergangen sein, bevor ich eine Absage erteilen und jemand Neues daten kann? Bevor man Tinder aufs Neue installiert, ohne wie ein herzloses Arschloch rüberzukommen? Ist das Problem vielleicht mathematisch lösbar, eine Woche für einen Monat, drei Wochen für drei Monate, sechs für ein halbes Jahr. Andererseits: Es ist ja nun auch keiner gestorben. Und wie kann die zurückgewonnene Lebensfreude besser zum Ausdruck gebracht werden als mit einem erneuten Anlauf in die Gartenschere? Eben.

Als es mir zuletzt passierte, war ich doch etwas negativ überrascht. Während ich früher nur darüber mutmaßen konnte,

---

* Österreichisch für so etwas wie Liebhaber

wann sich mein Date wieder aufrappeln und bei Tinder anmelden würde, ist heute alles ein bisschen transparenter.

«Das hätte ich ihm jetzt irgendwie nicht zugetraut», sage ich zur Lieblingsberlinerin, während ich versuche, seine neue Profilbeschreibung zu verdrängen und die Nachrichten inhaltlich zu rekonstruieren, die er gerade an eine andere schickt. Eine klare Ego-Sache. Solange es keinen gesellschaftlichen Konsens darüber gibt, wann es Zeit wird, loszulassen, muss ich damit leben, meine Dating-Vergangenheit mit einem voreiligen Wisch digital wiederherstellen zu können.

Egal, ob ich verliebt war oder mich nur verabredete, um einen Sommer lang am Plötzensee zu knutschen: zu bemerken, dass der andere nicht am Boden zerstört ist und weitersucht, als ob nie etwas geschehen wäre, ist das digitale Ekel-Äquivalent zur analogen Kündigung. Ein Messerstich ins Dating-Ego. Du bist raus, ätschibätsch, und keine nachträgliche Wiedergutmachungs-SMS der Welt kann das Unglück ungeschehen machen, das der unbedachte Blick aufs Display für den Bruchteil einer Sekunde offenbarte. Wir sind gescheitert, ganz offensichtlich, sonst würden wir uns hier nicht noch einmal treffen.

Was er wohl denkt?

Ich, ich wische nach links und hoffe, dass irgendwann jemand ein Gerät erfindet, das die abgelegten Erfahrungen vom Herzen auf die Plattform überträgt, alle notwendigen Verbindungen sortiert und überträgt, die alten und neuen, um uns diese Schmach zu ersparen. Ein Gerät, das erkennt, wer sich schon im echten Leben aus guten Gründen nicht füreinander entschieden hat.

Ich würde es kaufen.

## Liebe auf «das erste Desinteresse» ist der bessere «erste Blick»

«Now, when I become romantically obsessed with a person without really knowing them (or ever having met them) that signals danger for me. It's a red alert. If I feel those first fantastical pangs, I disengage. It's sad to disengage. It's not poetic or musical. It's not what art tells me is valuable.»

**MELISSA BRODER**

**B**erlin, 33 Grad. Dehydrierte Obdachlose verschmelzen mit dem Beton, während Passanten mit schwitzigen Armen Einkaufswagen in den Lidl schieben. Ich gebe eine Packung Kirschen an den Mann vor der Pfandsammelstelle ab, bevor ich mit zwei voll beladenen Taschen aufs Fahrrad steige.

Man sieht das Szenario immer wieder auf der Kinoleinwand: Frau fährt Rolltreppe – oder Auto oder Fahrrad – und hat einen kleinen Unfall. Vielleicht fährt sie gegen eine Laterne, weil Frauen generell gerne als fahrunfähig gezeichnet werden. Vielleicht fällt ihr nur die Tasche mit Karacho runter wie mir heute, weil sie bereits zu Beginn der Fahrt viel zu schwer beladen war, woraufhin sich unerklärlicherweise ein bisschen Wein auf dem Asphalt verteilt, gemeinsam mit Radieschen.

Jedenfalls bleibt ein Mann meines Alters direkt hinter mir stehen, und ich denk schon: «Oh, solche Dinge passieren also tatsächlich, das hat sich nicht irgendein gelangweilter Drehbuchautor ausgedacht, um damit Generationen von Menschen in absichtliche Unfälle an Supermarktkassen zu verstricken, damit sich der erste Satz nicht so seltsam anfühlt.»

Aber der Mann, er steigt nicht ab vom Rad. Er hilft mir nicht, die Tasche, die viel näher bei ihm liegt als bei mir, wieder mit Radieschen und Kartoffeln und Orangensaft zu befüllen. Er schaut mich nicht einmal richtig an. Und fährt weiter. Als ob nichts geschehen wäre. Er fragt nicht aus Höflichkeit, ob alles okay ist. Schon wieder verpasst, diese Liebe auf den ersten Blick.

Zu Hause mache ich das Beste aus dem, was vom Wein noch übrig ist: Sangria. Aber meine Hoffnung auf ein romantisches Unfall-Kennenlernen, die ist so was von dahin.

Ich denke noch länger darüber nach, warum ich mir etwas von diesem Fastunfall erwartet habe, als ob ich wie ein Kind nicht unterscheiden könnte zwischen Fiktion und Realität. Ein Auto hätte mich anfahren müssen, mindestens. Wäre das genug? Tief zwischen meinen Unzulänglichkeiten und Neurosen war immer noch meine verstaubte Vorstellung einer optimalen Kennenlernsituation gespeichert. Eine Situation, die, aus welchen Gründen auch immer, wertvoller war als ein billiges Treffen mit einem konstruierten Avatar.

Liebe auf den ersten Blick, sie war für Romantikerinnen wie mich eine ebenso schicksalhafte wie auch erlösende Begegnung, das «gewisse Etwas» zwischen zwei Menschen, das aus zwei völlig Fremden in weiterer Folge unentbehrliche Lebenspartner schafft. Und wenn dieses «gewisse Etwas» aus einem Drink zu viel im Volksgarten bestand.

Ich frage mich, wohin der Mann fuhr, der mich zurückließ mit dem verwundeten Wurzelgemüse. Zwei Sekunden später driften meine Gedanken zurück zu der Nacht mit meinem Engländer. Wir hatten so einen ersten, guten Abend. Da stimmte vieles, dachte ich sehr lange, weil die Spannung da war und gemeinsame Interessen.

So, habe ich immer gedacht, muss es sich anfühlen, wenn aus einer ersten Begegnung keine im Sand verlaufene SMS-Unterhaltung, sondern mehr wird. Das ist ein bekanntes Gefühl, das man anderen durch Erzählungen von der ersten Nacht vermitteln kann. Wo war meine Belohnung, jetzt, nachdem ich ihn gefunden hatte? Warum reichte ein Funke alleine nicht aus?

Ich muss an meine Freundin Mausi denken und die Blicke, die sie erntet, wenn sie von ihrem Freund Blume erzählt. Dass sie keine besondere Verbindung spürten, als sie sich das erste Mal gegenüberstanden. Mausi fand ihn und Blume fand sie ganz okay. Die beiden waren spazieren und dann noch auf ein Getränk, bevor sie sich nüchtern und alles andere als erwartungsvoll verabschiedeten. Das? War kein Date.

Mausi erzählt bis heute die Wahrheit: dass sie nicht dachte, ihn jemals wiederzusehen. Sie entschuldigte sich sogar noch am Tag darauf per SMS, dass sie so passiv gewesen sei. Einen schlechten Tag, schrieb Blume, den kann doch jeder mal haben. Sie blieben lose in Kontakt, ohne das Bedürfnis zu verspüren, sich um jeden Preis wiederzusehen. Schließlich gab es genug andere Menschen da draußen, die sich mit den richtigen Codes des eigenen Milieus schmückten und bessere, interessantere Nachrichten verschickten. Wieso also Zeit verschwenden mit Mr. und Mrs. Ganz-Okay?

Erst als Mausi zwei Wochen später aus ihrem WG-Zimmer ausziehen musste und ihr Blume seine Hilfe anbot, fing die Sache an, sich zu entwickeln. Nicht, dass sie Blume je schlecht gefunden hätte. Er war ihr mit seiner unscheinbaren, ruhigen Art beim ersten Treffen einfach nicht besonders interessiert vorgekommen. Dass er dann da war und ihr beim Tragen der alten Möbelstücke von Oma half, ohne eine Gegenleistung, ja, überhaupt *irgendetwas* zu erwarten, machte die Sache schon interessanter.

Was war das für ein Mensch, der sich so leise in ihr Leben schlich?

Ein paar Tage später hatte sich Blume aus seiner Wohnung ausgesperrt und stand schließlich unangekündigt vor Mausis

Haustür. Nach ihrem Umzug wohnten sie zufällig in derselben Gegend und hätten sich nun auch endlich im Supermarkt kennenlernen können, wenn ihnen das Internet nicht zuvorgekommen wäre. Von hier an gibt es die ersten Seufzer und «Oh, wie süß»-Rufe, wenn die beiden bei Festivals betrunken von ihrem ersten Kuss erzählen. Statt den Schlüsseldienst zu rufen, ist Blume erst mal ein paar Stunden auf Mausis Couch sitzen geblieben, bis sie um zwei Uhr nachts hoch ins Bett sind.

Während Blume bis heute der festen Überzeugung ist, dass Mausi mit ihm rummachen wollte, meint Mausi, dass sie gar keine Erwartungen hatte. Sie fand ihn süß. Die Art von süß, bei der man weiß, es würde für eine okaye Nacht reichen. Das Küssen klappte besser als gedacht. Aus einer unscheinbaren Begegnung, für die beide keinerlei Zukunftsprognose abgegeben hatten, war eine mittlerweile drei Jahre andauernde Beziehung geworden.

Vielleicht hätte das mit dem Engländer und mir ja geklappt, wenn wir nicht so hohe Erwartungen an den jeweils anderen entwickelt hätten, die uns der Leichtigkeit beraubten. Wir konnten uns ein zweites Treffen vorstellen, nach den ersten hundert Minuten. Wahrscheinlich war das eine von vielen Komponenten, die letztlich dazu führte, dass wir dem Druck, der persönlich und ein kleines bisschen vielleicht auch gesellschaftlich auf uns lastete, nicht standhalten konnten. Es wäre zu gut gewesen.

Mausi und Blume hatten Glück, einen schlechten Tag zu haben. Sich nicht von ihrer besten Seite präsentieren zu können, weil es ein verkaterter Sonntag war, den beide schon als irrelevant in ihrem Kalender durchgestrichen hatten. Weil es nichts bedeutete, das erste Mal nicht und auch das zweite und dritte Mal nicht. Weil sie sich erst mal als Menschen und nicht als potenzielle Verbündete kennenlernen konnten.

Weil sie keine Obsession mit dem Gegenüber entwickelten, die sich wie eine unsichtbare Krankheit zwischen ihnen ausbreitete und in der Überidealisierung einer stinknormalen Person endete.

Weil ihre Beziehung so unerwartet kam wie mein kleiner Fahrradunfall auf der Seestraße.

## Please Dude, #dontfollowme

«Je gefährlicher das echte Selbst, desto raffinierter die Masken. Je ätzender das Gift, das wir am liebsten über andere ausspeien würden – um sie zu lähmen, zu töten –, desto süßer der Nektar, mit dem wir sie locken, zu uns zu kommen, in unserer Nähe zu sein, uns zu lieben.»

**CONNIE PALMEN**

Ich hatte mir vorgenommen, ein Wochenende nicht aufs Smartphone zu starren, es wegzulegen, so zu tun, als ob die kurzweilige Abstinenz dabei helfen würde, den Irrsinn Internet zu vergessen und in der Realität anzukommen – und sei es nur für 48 Stunden.

Als meine Freundin in die Küche geht, um ein paar salzige Snacks für den Game-Of-Thrones-Marathon holen, den wir ausgemacht hatten, begehe ich den Klassiker: Ich schaue doch kurz rein, auf Instagram. Und sehe dort etwas, das mich den ganzen Abend nicht mehr loslassen wird.

In meiner achtstündigen Abwesenheit ist mir ein Typ von früher gefolgt, mit dem ich ein paar sehr hässliche Erfahrungen machen musste. Was 2006 als Freundschaft begann, hatte zum Ende der Beziehung toxische Ausmaße angenommen, die ich mir während der gemeinsam verbrachten Zeit nicht hätte vorstellen können.

Ich war nicht in ihn verliebt. Zumindest nicht so, wie er das gerne gehabt hätte. Meine Versuche, ihm das klarzumachen, gipfelten meist darin, dass er mich als Nutte beschimpfte, mich verfolgte, ja, meiner Mutter oder meinen Freundinnen E-Mails schrieb, in denen er sie anbettelte, doch mit mir zu reden, nach-dem ich ihn überall blockiert hatte.

Er erniedrigte mich. Er erniedrigte sich selbst. Erniedrigte die Verbindung, die wir einst hatten, indem er tat, was er für nötig hielt.

Er fand neue Wege, mich zu erreichen, bis ich meine Handy-nummer wechselte – und selbst die fand er durch Umstände wieder heraus. Er meldete sich, wie immer, aus dem Nichts.

Selbst 2012, vier Jahre nachdem ich den Kontakt abgebrochen hatte, kam es vor, dass er mich belästigte. Auf Facebook oder per E-Mail. Dabei hatte ich ihm ausdrücklich gesagt, dass ich keinen Kontakt möchte, nie wieder, um das alles vergessen zu können. Aber das Internet vergisst bekanntlich nie – schon gar nicht die Kontakte, die wir einmal hatten. Und sind sie noch so lange her.

Ich sehe sein Gesicht, er hat sich nicht verändert. Seine Frisur, sein dämliches Lächeln, es ist alles genauso wie vor zehn Jahren, und es ekelt mich davor, auch nur seinen Namen zu lesen. Der Blick ins medial übertragene Gesicht einer anderen Person – ein Gruselfaktor, der seinesgleichen sucht.

Mir wird kurz schlecht, bevor ich ihn blockiere. Ich habe seit drei Jahren nicht eine Sekunde an ihn gedacht. Und dann fängt die Gedankenspirale wieder von vorne an. Ich habe es ver-drängt – denn «vergessen» kann man diesen emotionalen Miss-brauch nun wirklich nicht nennen, wenn es sich in der Sekunde, in der ich wieder kontaktiert werde, genauso ekelhaft wie da-mals anfühlt.

Ich vergesse, dass er mir nichts tun kann. Dass ich inzwischen im Ausland lebe, dass er weder meine aktuelle Handynummer noch Adresse hat, dass er mir zwar wie jeder andere eine E-Mail schreiben, ich diese aber im Notfall ignorieren kann. Erst mal versuche ich ruhig zu bleiben und zu beobachten, was passiert.

Warum denkt er, nach all dieser Zeit, dass er mir einfach so folgen könnte wie einer netten Bekanntschaft aus Schulzeiten? Denken Personen wie er, dass ihre Anfragen oder Follows oder Likes nicht *auffallen*, ja, dass sie in der Masse der anderen Menschen untergehen werden, die täglich unseren Account besuchen? Dass wir blind geworden sind oder vergesslich, dass wir verziehen hätten, was sie uns angetan haben?

Einen Tag später schreibe ich öffentlich über das Ereignis und bekomme Privatnachrichten. Viele Nachrichten, in denen mir Frauen erzählen, dass ihre «Creeps immer noch da draußen wären», dass sie «nur darauf warten würden, bis es wieder anfängt», dass die Person «sich sicher bald melden wird». Ist das die Zeit, in der wir leben?

Verdammt!, möchte ich am liebsten schreien. Hört auf, mir und anderen Frauen zu folgen, wenn ihr uns in der Vergangenheit scheiße behandelt habt. Liebe Menschen, hört generell auf, euren Ex-Affären oder Ex-Dates oder Ex-Beziehungen oder Leider-doch-nicht-Beziehungen zu folgen, wenn das Ganze schlecht auseinanderging.

Es gibt keine kollektive Verjährungsfrist, innerhalb deren es okay wäre, sich doch noch zu melden. Einfach, weil es «so cool war» damals. Nein, es war, verdammte Scheiße, nicht cool, sonst hätten wir euch wohl nicht überall blockiert, unsere Nummer, eventuell sogar unseren Wohnort gewechselt. Wenn es so nett gewesen wäre mit euch, dann wüsstet ihr es, weil ihr noch an unserem Leben beteiligt wärt und wir uns nicht vor Angst beinahe ins Höschen machen würden, wenn euer Name auftaucht.

Ich wünschte, ich könnte etwas Lustiges und Versöhnliches schreiben, dass jeder Mensch Fehler macht und sich die Dinge ändern. Nur: Sie ändern sich nicht in unserem Kopf, wenn die einzige Erinnerung an jene Person inzwischen daraus besteht, Panik zu haben, wenn der Name auf dem Display aufpoppt. Weil es nie etwas Gutes hieß. Weil es meist der Anfang von einer ganzen Reihe von egogekränkten Attacken war.

Das #dontfollowme-Prinzip gilt im Übrigen auch für alle

anderen Menschen, die ich hinter mir gelassen habe. «Aus den Augen, aus dem Sinn» bekommt eine ganz neue Bedeutung, seit sich die Möglichkeit zur stillen Beobachtung nicht mehr auf einen «zufälligen Besuch» in der Stammkneipe begrenzt, sondern beinahe seuchenartig auf alle Plattformen übergelaufen ist, die die Anzeige eines «zuletzt online»-Status tatsächlich als gute Idee verkaufen.

Auch wenn Social-Media-Kanäle öffentlich geführt werden, heißt das noch lange nicht, dass wir uns dabei wohlfühlen, wenn Verflossene, Exfreundinnen und Co. darauf Zugriff haben. Wenn sie unsere Fotos, mit privaten Gedanken untermauert, in ihrem Bett aufrufen können, so, als ob es sich dabei um eine Gossip-Zeitschrift handeln würde. Was in den Köpfen derjenigen vorgeht, die schon fast ungeniert Einblick nehmen in eine Zone, deren Zutritt sie nicht verdienen, bleibt offen.

Komplett ausschließen kann es niemand, der – und sei es nur beruflich – ein öffentliches Profil führt. Es wird immer der kleine Hintergedanke bleiben, dass die Fotos mit den Liebsten, die Fotos beim Abendessen mit den Kollegen, die Fotos vom Hund von anderen gesehen werden, die wir beim Posten nicht im Blick hatten. Ein Gedanke, der limitiert.

Ich weiß nicht, wie ich mich anders davor schützen kann, als mein Profil privat zu schalten, um zumindest Zufallsbesuche zu erschweren. Nur: Das will ich nicht. Ich wünschte mir viel eher, dass jemand einen ethischen Code zum Folgen schreiben würde. Einen Code, der besagt, dass wir anderen nicht folgen sollen, wenn wir sie ablehnen, dass wir ihnen nicht folgen sollen, wenn wir unverzeihliche Dinge gesagt haben, wenn wir im Schlechten auseinandergegangen sind, wenn wir uns einmal gehasst oder geliebt haben. Wenn wir sie mit unserer puren Anwesenheit triggern.

Einen Guide, in dem steht, wie wir damit umgehen sollen. Ein Knopf, der es präventiv unmöglich macht, weil er die digitalen

Verbindungen kappt. Ein Knopf, der noch erfunden werden muss, um künftig trotzdem selbstbestimmt nebeneinander in diesem Internet bestehen zu können, statt sich vor dem Tag fürchten zu müssen, in dem der Profil-Vorschlag wieder auf LinkedIn oder Facebook kommt.

Kann bitte jemand einen solchen Knopf erfinden? Das wäre sehr hilfreich. Ich habe nämlich nicht vor, aufgrund irgendwelcher Irren da draußen aufzuhören, meine Meinung zu sagen und meine Fotos zu posten. Ich möchte mich so zeigen können, wie ich bin, ohne von Stalkern eingeschränkt zu werden.

Ich werde mich nicht darauf einlassen, die Negativgedanken in meinem Kopf lauter als meine Pläne werden zu lassen. Ich werde über Hass sprechen, und ich werde andere dazu motivieren, dasselbe zu tun.

Belästigung erfolgt nämlich nicht nur durch die Hand auf dem Oberschenkel und das geflüsterte «Mäuschen», in Büroräumen, auf Weihnachtsfeiern, auf Abifahrt. Belästigung passiert dort, wo alle Kontakte von früher mit denen von heute koexistieren, in diesem Internet, als ob wir nichts weiter als 50 × 50 Pixel große Avatare wären. Belästigung passiert, ohne dass die Verursacher davon wissen.

Es ist nicht meine Aufgabe, diesem Typen von früher sein Kackverhalten ausgerechnet auf meinem Profil klarzumachen. Er muss sich woanders informieren gehen.

Ich habe keine Zeit für ihn.

## Der Topf zu meinem Deckel
## heißt Selbstwert

Wenn es etwas gibt, das ich neben meiner uneingeschränkten Heterosexualität wahrlich bedaure, dann ist es mein exorbitanter «Sex and the City»-Konsum während der mittleren zweitausender Jahre, der den Grundstein eines falschen Verständnisses von Liebe legte. Allen voran verantwortlich: die berühmte New Yorker Kolumnistin Carrie Bradshaw, die maximal zwei Stunden die Woche an ihrer Kolumne schrieb und sich damit regelmäßig 500 Euro teure Designerstücke finanzieren konnte und zumindest einen genauso entsetzlichen Männer- wie Schuhgeschmack pflegte.

Carrie gab dem wichtigsten Mann in ihrem Leben einen seinem Stellenwert angemessenen Namen, bei dem ich bis heute nicht ganz genau weiß, worauf er sich bezieht. Denn besonders groß schien zumindest Mr. Bigs Herz ja nicht zu sein.

Big war der Prototyp des unantastbaren, gut aussehenden Mackers, der zwar nicht dann auftauchte, wenn man ihn brauchte, aber spätnachts mit einer Limousine vor der Haustür und Sekt auf der Rückbank auf einen wartete. Big war das Fingerfood, das nicht satt machte, wenn man eigentlich einen Burger wollte, und trotzdem Fettflecken auf der Couch hinterließ. Die beiden trennten sich – unzählige Male. Und schafften es doch nie ganz, voneinander loszukommen.

Nicht nur auf Filme und Serien, sondern auch auf die BRAVO war Verlass, wenn es um negative Vorbilder ging. Statt etwas über die eigenen Grenzen zu lernen, wurden meinen Freundinnen und mir pädagogisch fragwürdige Tipps von erwachsenen Frauen vermittelt. Zum Beispiel, welche Frisur Jungs am besten finden, wie wir ihre Aufmerksamkeit mit dem richtigen Parfüm, den rasierten Beinen, dem lächelnden Gesicht und Freundlichkeit gewinnen. Uns wurde beigebracht, seine Gesten nachzuahmen, und ihn wie zufällig zu berühren. Wegzuschauen, wenn wir hinsehen wollten, um verwegener, unerreichbarer und geheimnisvoller zu wirken.

Aus heutiger Perspektive kann ich eigentlich nur sagen, dass wir es damals eben nicht besser wussten, wenn wir Carrie um ihre toxische Beziehung beneideten. Aber auch gefühlte 100 Jahre nach SatC ist es nicht unüblich, Liebe und Schmerz als erfolgreiches Duo zu promoten. Zwei zum Preis von einem, sozusagen.

Eine Autorin postete auf Twitter einmal folgendes Zitat aus einem Buch: «Die große Liebe ist die, die du gewagt hast. In der du offener und mutiger warst, als du eigentlich bist. Ziemlich wahrscheinlich, dass du dir bei diesem Vorhaben ein paar Schrammen holst. Ist halt so. Liebe ist nichts für Feiglinge; wenn du ausschließlich Sicherheit suchst, wirst du nie so hineinstürzen, wie es nötig wäre, um etwas Großes zu erleben. Dann geh lieber ins Kino.»

Okay, Lady. Ich bin schon dabei, mir und meiner gesunden Beziehung zwei Karten für eine Vorstellung zu reservieren, zu der wir beide kommen werden, ohne davor noch fünfzehn pathetische Streit-SMS auszutauschen. Nein, im Ernst? Warum gibt es immer noch so viele Missverständnisse, die sich hartnäckig im ungeschriebenen Beziehungskodex halten wie Brotkrümel in den untersten Gefilden meines Toasters?

Wie es tatsächlich zwischen zwei Menschen «läuft», hängt nicht nur davon ab, wen man fragt, sondern auch, wie viel einer von beiden bereit ist, für den Hormonrausch zu leiden. Läuft die Beziehung, weil ich alles dafür tue, um sie wie die vertrocknete Pflanze am Küchenfenster für ein paar weitere Monate am Leben zu erhalten? Läuft sie gut, weil ich mich, meine Vorstellungen und meine Emotionen herunterfahren kann? Oder läuft sie gut, weil sie *wirklich* gut läuft?

Auch ich hatte meinen Mr. Big. Ziemlich lange sogar. Unsere Beziehung war dadurch charakterisiert, dass ich mich so lange nach seinen Wünschen und Plänen richtete, bis es mir gar nicht mehr auffiel, dass er inzwischen nicht nur über mein Herz und meine Selbstachtung, sondern auch über meine Abendgestaltung verfügte. Und das nicht, weil er mich so sehr liebte. Sondern, weil er in 99 Prozent der Fälle nicht allein sein wollte und gerne jemanden da hatte, der sich kompromiss- und widerstandslos in seine Vorstellung einer Beziehung fügte. Stück für Stück radierte er mein altes Ich aus und ersetzte es durch seine verkorkste Vorstellung von mir. Etwa zum gleichen Zeitpunkt, als eine Million Geflüchtete eine Heimat in Deutschland suchten, ging ich, mit drei Taschen bepackt, zum letzten Mal aus seiner Wohnung. Manche Sätze, das wusste ich inzwischen, konnten nach einem Streit selbst mit großem Wohlwollen nicht mehr zurückgenommen werden.

Bis zur tatsächlichen Trennung war es ein langer Lernprozess. Genauso wie Carrie die Ratschläge ihrer Freundinnen nicht annehmen konnte, wenn sie diese lauwarm zum Champagner-Frühstück servierten, musste auch ich erst selbst auf die Lösung kommen und dabei ein bisschen Würde verlieren.

Was mir fehlte, wenn ich Mr. Dick mal wieder in mein Leben ließ, obwohl wir uns zuvor auf offener Straße Gehässigkeiten an den Kopf knallten, war Selbstwert. Dieser psychologisch umfangreich definierte Wert, der sich vor allem darin ausdrückt, was man mit sich machen lässt und wie elastisch die eigene Grenze in Richtung Erniedrigung ausfällt.

Heute kann ich es nicht oft genug sagen: Selbstwert hat nichts mit Arroganz und fehlender Empathie zu tun. Selbstwert ist das zähe Stückchen rechts neben dem Herzen, das sich im Zweifel ungleich meinem Gegenüber eilends für mich entscheidet.

Erst Jahre nach dem Anfang von Mr. Dick und mir haben mir meine *badass*-Kolleginnen, Kommilitoninnen, Schulfreundinnen und vormaligen Internet-Bekanntschaften gesagt: Woman, you can do better! Go and fuck *that* guy. Sie haben mir gezeigt, destruktives Beziehungsverhalten wie eine tote Fliege im Glas unauffällig vor dem ersten Schluck zu entfernen. Sie waren für mich da, uneingeschränkt und uneingeschüchtert von der Gewalt menschlicher Gefühle, und haben mir vorgelebt, was es bedeutet, sich selbst zu vertrauen*.

Frauen, die für ihr Glück hart an sich arbeiten mussten und sich Stück für Stück, Jahr für Jahr nicht nur selbst mehr zu schätzen lernten, sondern auch von festgefahrenen Rollenmustern und selbstzerstörerischen Verhaltensmustern lösen konnten, die sie letztlich davor bewahrten, falsche Entscheidungen für ihre Zukunft zu treffen. Zum Beispiel, als sich ihr Verlobter dafür entschied, statt mit ihr mit seiner Mutter in den Urlaub zu fliegen. Mal wieder – obwohl sie extra freigenommen hatte.

Frauen gingen, wenn sie merkten: Da geht nichts mehr, und ich habe keine Kapazitäten, weiter zu kämpfen. Die gute alte Emanzipation, sie hinterlässt auch heute noch schmerzhafte Spuren – jene, die auf den ersten Blick vor anderen unsichtbar bleiben, und solche, die sich in konkreten Handlungen manifestieren.

Es waren Frauen, die mir zeigten, wie hoch der eigene Selbstwert hängen muss, um sich im Strudel der gesellschaftlichen Anforderungen nicht an den nächstbesten Chinohosenträger mit spärlichem Moustache zu klammern, der einem um sechs Uhr morgens im Club entgegengelaufen kommt.

Frauen, die mir zeigten, dass Mr. Dicks und Mrs. Generics

---

* Und nein, das ist kein geheimes Sprichwort dafür, Männer zu hassen.

exakt genauso viel Engagement verdienen, wie sie uns entgegenbringen. Und wenn dieser *effort* eben drei Grad unter null liegt, dann: thank you, bye. Oder, um es mit dem berühmtesten Liebespaar aller Zeiten zu beschreiben: Selbstwert ist das, was Rose DeWitt-Bukater mit einer gehörigen Portion Pheromonen dazu brachte, ihrem Verlobten die Meinung zu sagen. «Ich bin lieber seine Hure als deine Frau» traf Karl vermutlich härter als der Untergang der Titanic.

Nicht alles ist einfacher geworden, seit ich diese Lektion gelernt habe. Dating zum Beispiel. Dating und Selbstwert verhalten sich ungefähr wie Wasser zu Fett – abstoßend. Seit ich mit Selbstwert durchs Leben gehe, nicht auf jeden schönen Mann anspringe, der über die Straße läuft, und ganz klar abwäge, mit wem ich meine Zeit verbringe, hat sich die potenzielle Zielgruppe um mehr als die Hälfte verkleinert.

Selbstwert hat meine Denkweise umprogrammiert wie eine mathematische Formel. Er hat mich darauf vorbereitet, Dates abzubrechen, in denen mir jemand vorwirft, nicht weiblich genug zu sein, weil ich Fleisch esse, während er sich zehn Minuten später einen Döner reinzieht.

Dates, die mich dafür bemitleideten, dass ich schreibe – das könne doch jeder. Dates, bei denen ich ein unangenehmes Gefühl bekomme, das ich nicht bereit bin herunterzuschlucken, und Dates, die sich anfühlen wie Vorstellungsgespräche. Selbstwert hilft mir wie ein hübsch verpackter Arschloch-Filter jene auszusortieren, die sich ohne erst in Monaten oder Jahren in vollster Blüte offenbart hätten. Zu einem Zeitpunkt, an dem ich früher bereits zu tief drinnen gesteckt wäre, um halbwegs heil wieder herauszukommen.

Ich wünschte, ich hätte all das früher gewusst. Ich wünschte, ich hätte gewusst, dass das Ende einer Beziehung nicht mein Scheitern alleine ist. Dass ich nicht als Mensch versagt habe.

Ich wünschte, dass es in meiner Jugend mehr Filme gegeben

hätte, in denen Frauen nicht 90 Prozent ihrer Zeit damit verschwendeten, über ihren Exfreund zu sprechen, um anschließend mit ihrem Chef in den Urlaub zu fahren. Zeitschriften, die uns nicht vorgeschrieben hätten, mit «selbstironischen Sprüchen» zu zeigen, wie unkompliziert wir sind. Als ob weibliche Komplexität der Gipfel aller Deal-Breaker wäre.

Ich wünschte, jemand hätte mir folgenden Tipp gegeben: Wenn sich Dating wie Arbeit im Steinbruch anfühlt, meine Liebe, dann solltest du kündigen. Und wenn jemand «keinen Bock» auf menschliche Komplexität hat, ja dann kauft er sich am besten eine Puppe.

## Social Media wurde nicht erfunden, um es heiratenden Paaren zu überlassen

«I self-sabotaged intimacy, made fun of people who publicly loved their boyfriends, slept with unavailable people already in relationships: all tactics to keep myself outside of any vulnerability.»

**SHON FAYE**

Wenn ich zu Hause in Wien meinen alten Computer hochfahre, dann finde ich dort in einem Ordner namens 2012–2015 einen Haufen visualisierter Erinnerungen, die ich bewusst nicht mit nach Deutschland genommen habe.

Es passiert selten, ja, heute eigentlich gar nie mehr, dass ich mich in einer destruktiven Nostalgie-Spirale bis zu den Fotos von seinem 21. Geburtstag durchklicke und uns beiden in unsere unwissenden, selig grinsenden Gesichter blicke.

Ich brauche keine T-Shirts, Fotos oder Gegenstände, um mich an uns zu erinnern. Ich weiß noch, was ich anhatte. Eine Bluse, die mir nicht gefiel an diesem Tag, weswegen ich kurz überlegte, noch schnell etwas Neues auf der Mariahilfer Straße zu kaufen, und mich dann doch dagegen entschied. Er trug ein weißes Hemd mit dunkelblauen Knöpfen und eine dazu passende kurze Hose.

Das Foto von uns habe ich damals gepostet. Ich schrieb: «Auf diesen Geburtstag und alle, die noch folgen werden!» Es sollten noch ein paar mehr werden, tatsächlich. «Für immer» haben wir trotzdem nie erreicht.

Seit meiner eigenen Tortur mit Mr. Dick schwor ich mir, meine Gefühle für mich zu behalten und erst etwas an die Öffentlichkeit zu tragen, wenn ich sicher war, dass die Verbindung mindestens ewig halten würde. Dieses Mal wirklich.

Ich war die Erste, die sich über Kussfotos im Urlaub amüsierte und alle Menschen in ihrem Bekanntenkreis für naive Spinner hielt, die sich trotz bereits erlebter Verluste verwundbar genug für eine neue Liebe zeigten. Ich sabotierte Intimität mit anderen und bestrafte mich damit für Mr. Dick und mein romantisches Versagen. Ich vergaß, dass ich mit meinem Verhalten alle Erfahrungen leugnete, die ich mit neuen Flings teilte, und mir damit jedes Recht absprach, wieder glücklich zu sein.

Als ob kein Mann existierte, der nach ihm folgen könnte. Der soziale Druck, normkonform als Zweierkonstellation zu funktionieren, war größer als der Wunsch, etwas an dieser Erwartung zu verändern. Wen wundert es?

Wenn ich heute einen Blick auf die Accounts glücklicher Pärchen werfe, sehe ich neben romantischen Spaziergängen in Wäldern vor allem Hochzeitsfotos von Frau und Herrn Realitätsfern, die mit ihrer Art der märchenhaften Inszenierung für Singles beinahe unerreichbare Standards in die Welt tragen. Unerreichbare Standards der einzig wahren, großen Liebe, die sie mit jedem Ringfoto, mit jedem rührseligen Blick am Altar und roten in der Landschaft verstreuten Tulpen fester zementieren. Indem sie ihre Zweisamkeit öffentlich machen und unsere Feeds mit Perfektion infiltrieren, greifen sie alles an, was auch nur wenige Zentimeter davon abweicht.

Monogamie? Immer noch sehr akzeptiert. Mit Leuten rummachen, die man vor einer Stunde im Internet kennengelernt hat? Kommt darauf an.

Warum sind wir so gehemmt? Wollen wir für den Rest unseres Daseins #couplegoals von anderen übernehmen, statt unsere eigenen zu setzen und die Verbindung zu leben, die wir haben? Wollen wir so lange auf Fotos anderer starren, bis wir dadurch bitter werden? Uns vergleichen mit den Mausis und Blumen dieser Welt, als ob wir keine eigenen Geschichten zu erzählen hätten?

Ich für meinen Teil möchte nicht so lange warten, bis ich jemanden gefunden habe, um alt zu werden – als ob sich jemand ausgerechnet aufs Älterwerden freut. Wenn ich irgendwann zurückblicke, möchte ich kein Fotoalbum vor mir haben, in dem ausschließlich Bilder von mir alleine beim Waffelessen kleben. Ich bin nur ein Mal 26, und ich werde dann süße Fotos von meinen Dates und mir posten, wenn *ich* Bock darauf habe.

Was ist mit dem Kurztrip nach Amsterdam mit meinem Jugendschmusi? Dem Filmfestival in Wien bei 40 Grad im Schatten mit dem Typen aus dem B72? Dem spontanen Überraschungsbesuch vom Cousin meines besten Freundes in Berlin? Soll ich so tun, als ob ich die ganze Zeit alleine wäre, um den Schein zu wahren und niemanden vor den Kopf zu stoßen? Was ist falsch mit diesen Momenten? Warum postet niemand anders Fotos von Abenden mit seinen Dates oder Affären? Ich dachte, wir schreiben das Jahr 2018 – und nicht 1908.

Es fühlt sich falsch an, die unbeschwerten Bruchteile meines Lebens herauszuschneiden, die mitunter zu den besten überhaupt gehörten. Auch wenn ich mir lange Zeit nur erlaubte, einem Mann Platz an meiner Seite zu gewähren, habe ich doch alle Männer, mit denen ich gelebt habe, auf eigene Weise geschätzt, und ich möchte mir die Erfahrung nicht schlechtreden lassen, nur weil sie ein Ende hatte.

Von Paaren wird erwartet, mehrere Male pro Woche Sex zu haben. Aber sobald Singles mehrere Male pro Woche Sex haben und darüber sprechen, wirkt es verdächtig. Warum verwirrt es Menschen, wenn Menschen verschiedene Menschen treffen, ohne dem Konstrukt den Status einer offiziellen Beziehung zu verleihen?

Während offizielle Paare jeden freien Platz am Schreibtisch

mit Familienfotos und Kindergekritzel vollballern, bleiben inoffizielle Paare beinahe non-existent. Es ist immer noch so: Solange wir nicht offiziell mit jemandem zusammen sind, wird es schwer, die andere Person in das eigene Sozialleben einzuführen – sei es auf der Arbeit oder online.

Vor einigen Wochen habe ich ein kleines Experiment gewagt und Knutschflecken auf dem Hals meines Schweden auf Instagram gepostet und meine Gedanken zum Thema unter dem Hashtag #lovebits geteilt.

Ich bekam die nächsten Tage und Wochen unzählige Nachrichten von beinahe Fremden, die sich in meinen Beobachtungen wiederfanden, mir zustimmten und Fotos ihrer bislang hinter vorgehaltener Hand geführten Beziehungen schickten. Fotos aus Irland und Düsseldorf, aus dem gemeinsamen Urlaub in San Francisco und dem Bürokomplex in Berlin-Mitte.

Wie viele Beziehungen halten schon auf lange Sicht? Selbst wenn die Lust oder die Liebe nicht für immer anhält. So what? Egal, ob die Verbindung nach einem Monat oder sechs Jahren endet. Sie enden nun mal. Sehr oft. Das ist vorauseilende Gewissheit. Wenn wir uns mit dem Gedanken an die Endlichkeit versöhnen könnten, wäre vieles leichter. Es wäre wieder möglich, spontan zu sein.

Es gibt verschiedene Formen von Lieben, und es gibt verschiedene Arten, sie auszudrücken. Ich für meinen Teil möchte nicht nur den Scheiß sehen, den Mausi nach ihrer Verlobungsfeier postet. Ich möchte sehen, wie du halb nackt mit dem Typen in der Wohnung hängst, den du auf einem Konzert vergangene Woche aufgerissen hast.

Ich möchte ineinandergehakte Beine sehen. Zerbissene Lippen und Titten. Ich möchte, dass wir uns nicht dafür schämen, sexuelle Wesen zu sein, wenn wir außerhalb von Beziehungen leben. Liebe und all ihre verschiedenen Texturen und Ausprägungen, sie waren ein unentbehrlicher Bestandteil meines bisherigen Lebens, und ich möchte keinen der Momente missen, in denen ich mich lebendig und wahrhaftig mit einem anderen Menschen verbunden fühlte.

## There is no such thing as «sich ausleben»

«Die seltsamste aller Perversionen ist das Zölibat, denn es hasst die Lust und versucht, sie auszulöschen. Nicht, dass man die Lust ein für alle Mal loswerden könnte. Sie kehrt immer wieder zurück wie die Toten oder wie schlechtes Essen – denn sie ist unverdaulich.»

**HANIF KUREISHI**

Manchmal, da denke ich, sind die ganzen Dating-Probleme eigentlich sehr harmlos im Vergleich zu dem, was nach frisch bezogenen und trotzdem schon wieder dreckigen Bettlaken und verschlafenen Montagmorgen kommt. Probleme, die süchtig machen können wie alle anderen Nervenkitzel bei Unzufriedenheit und ablenken von der daily Tristesse. Was passiert eigentlich, nachdem man durch ist mit dem Kennenlern-Bingo und den «Du so»-Fragen, dem spätnachts WhatsApp schreiben und heimlich Fotos auf Instagram liken.

Was passiert nach dem Abspann, wenn die Menschen fertig sind mit Küssen im Sonnenuntergang und davon Fotos posten, ja, bereit sind, zusammenzuziehen? Was dann, nach 3000 hintereinander gemeinsam verbrachten Nächten und vom anderen verursachten Käsebrandflecken auf dem Toaster? T-Shirts, die keinen Geruch des nicht anwesenden anderen verzeichnen, weil er jetzt genau dort jeden Tag auf dem Sofa liegt?

Was macht man, sobald man realisiert: Fuck. Ich glaube, das könnte es jetzt gewesen sein. Also, theoretisch. Und wie soll ausgerechnet *ich* es schaffen, diese Beziehung nicht zu ruinieren?

Selbst wenn alles okay ist – soll das jetzt wirklich so weitergehen, die nächsten Jahre, ohne Unterbrechung der zweisamkeitsgetränkten fleischlichen Routine, die sich ohne Kommando ganz von selbst entwickelt, ohne auch nur einmal daran zu denken: Ich möchte abzischen und mit mir alleine in Griechenland Vasen töpfern und mich danach auf den nächstbesten Kellner mit langen Wimpern stürzen, der mir die Rechnung bringt?

Egal, ob ich 20, 25, 40 oder 60 bin?

Auf eine sehr gemeine Art und Weise habe ich die Pärchen aus meiner Schulzeit immer verurteilt, die seit ihrem 16. Geburtstag zusammen sind und scheinbar nie über so etwas wie den genuinen Wunsch nach tatsächlicher Individualität verfügten.

Was war falsch mit mir, wenn es um mich herum so viele Frauen gab, die mystischerweise zufrieden waren mit dem Mann, dem Schwanz, den Händen, die ihnen vor die Füße gefallen sind, und sich nicht ständig fragten, ob es das jetzt gewesen sei für den Rest ihres Lebens. Glücklich und zufrieden betrachteten sie das, was sie bekommen hatten, als besonders, ohne dabei zu merken, wie unterdurchschnittlich ihre Wahl im Vergleich zum Rest der Welt ausgefallen war. Diese Frauen, sie waren nicht mit dem bodenlosen Loch der Leere in Berührung gekommen, mit dem ich seit meinen Teenager-Jahren konfrontiert war, weil sie es nicht sehen konnten. Ich beneidete sie, wie ein Basilisk auf beiden Augen blind zu sein.

Auch zehn Jahre später habe ich nicht verstanden, was in ihren Köpfen vorgeht, was sich die anderen Frauen wirklich denken, wenn sie morgens schon wieder neben demselben kinnlosen Typ aufwachen und das Frühstück nur noch aus der Routine der sich gegenseitig auferzwungenen Gesprächsthemen besteht, die den einen so halb, den anderen gar nicht interessieren.

Irgendwann hat man doch fertig gesprochen, und wenn es fünf Jahre dauert? Irgendwann hat man alles erzählt, was es zu erzählen gibt, und selbst wenn nicht: Manche Dinge können nicht mit einer Erzählung alleine wiederhergestellt werden, wenn das Gegenüber nicht dabei war.

Manchmal, da denk ich mir: Man denkt besser nicht nach. Wenn ich jede Beziehung, die ich eingegangen war, 60 Prozent weniger hinterfragt hätte, wenn ich nicht alles ergründet und überprüft hätte wie eine unzureichend formulierte wissenschaftliche These, von hinten nach vorne und umgekehrt, wer weiß: Dann wären wir jetzt vielleicht noch zusammen.

Wenn ich früher erkannt hätte, dass es – egal, mit wem, und sei es mit einem Nobelpreis tragenden Topmodel aus Sibirien – langweilig werden würde nach einiger Zeit. Vielleicht ist es schon ein erster Schritt, diese Enttäuschung anzuerkennen und eine Verbindung nicht deshalb zu cutten, weil man die andere Person, mit der man intimste Gedanken und seine Körperteile teilte wie Brot, für langweilig hält.

*Jeder* Mensch ist langweilig, mein Gott. Keiner kann auf Dauer das mit schwitzigen Händen wartende Hampelmännchen mimen, das einen höheren Adrenalinspiegel pflegt als Fahrgäste der Wiener Geisterbahn. Keiner kann auf Dauer die Aufregung gewähren, die nötig wäre, um länger als zwei Jahre verliebt zu sein.

Es gibt nur ein scheinbares Hilfsmittelchen dagegen, das sich weiterhin hartnäckig in Mädchenmagazinen und Freundeskreisen verbreitet, um Fremdgehen vorzubeugen: «Leb dich erst mal aus – oder lass ihn sich erst mal ausleben, und dann klappt das schon mit dem Für-immer-Zusammensein.»

Als ob man Sexualität an- und ausknipsen könnte wie eine Nachttischlampe. Als ob man eines Tages einen Vertrag mit sich selbst eingehen könnte, in dem festgehalten wird, dass man jetzt auch mal «genug hatte», dass ein Mensch, quantitativ betrachtet, ausreichend erlebt und gesehen, gespürt, geleckt und gerochen hat.

Auch diese verzerrte Vorstellung einer abgeschlossenen und

unveränderlichen Sexualität gleicht einem Mythos, dessen Wurzeln – wie soll es auch anders sein – in der Hochstilisierung der eventuell seriellen, aber doch sicherlich monogamen Beziehung liegen. Alles, was gedanklich über die eingedrückte Bettseite des Partners hinausgeht, ist strikt verboten. Man redet da nicht drüber, nein, man hatte doch zuvor seine Chance, jetzt ist aber mal gut mit der Fickerei.

Als *ob* man je genug haben könnte von der Faszination neuer Körper und der Aufregung vor der ersten, beinahe unabsichtlichen Berührung, kurz bevor die U-Bahn doch noch fährt. Als ob man eines Tages vor dem Traualtar schwören könnte: Das war es mit der triebgesteuerten Begierde, von hier und jetzt an werde ich mich nie wieder für jemand anderes interessieren. Ich darf ein Stück weit absterben. Denn: Ich habe mich *ausgelebt*.

A u s g e l e b t. Man muss sich das Verb erst mal auf der Zunge zergehen lassen, es laut aufsagen in einem hallenden Raum, um seine Bedeutung zu verstehen. Was soll «ausleben» überhaupt bedeuten? Man lebt nur bis zu einem gewissen Punkt, kann sich umsehen und austesten wie bei einem niemals zu gewinnenden Wettlauf gegen die Zeit, und danach, dann hat man sich ausgelebt? Man hat schon gelebt, jetzt kann man damit aufhören, sich wieder wichtigeren Dingen zuwenden, wie der Arbeit, der Produktion der ersten eigenen Kollektion, der kaputten Waschmaschine?

Als ich meine Zweifel in diesem Internet poste, antwortet mir rena_explores. «Ich finde, es kann auch sehr befreiend sein, einen attraktiven Menschen wahrzunehmen, einen begehrlichen Impuls zu fühlen, ohne daraus irgendetwas zu machen», schreibt sie.

«Meiner Meinung nach ist das Problem nicht die Begierde, sondern das verkrampfte und schuldbehaftete Verhältnis, das viele zu ihr haben. Warum nicht einfach wahrnehmen, sich selbst nicht verurteilen und vor allem: ehrlich zu sich selbst und gegebenenfalls Partnern sein. Dann sollte eine Lösung nicht mehr fern sein.»

Ich nicke, während ich über mein Smartphone scrolle.

So vorurteilsfrei und großzügig, so hab ich das gar noch nicht gesehen.

# Breaking-News:
# Frauen haben Sex mit Musikern –
# und nicht umgekehrt

«Seit ich im matriarchats ghetto bin irritierts mich ur wenn
manner auflegen. Ich seh das fast nie und empfinde es mittlerweile schon als offens. So: willst du mir irgendwas ein-
reden? Wieso glaubst du dass ich deine musik hören will?»

**STEFANIE SARGNAGEL**

Jamie Cullum wollte gar nicht berühmt werden, als er anfing,
ernsthaft Musik zu machen. Der Multiinstrumentalist aus
Essex wollte eigentlich nur auf Partys eingeladen werden und
Frauen kennenlernen, sagt er. Früh hat er geschnallt: Musiker,
die haben es irgendwie leichter bei den Mädels.

Musiker schläft mit Frau, Frau verliebt sich in Musiker – und
wird verlassen. Es gibt zu viele Romanzen, die so vorhersehbar
und abgedroschen enden wie diese. Musiker, das sind willenlose
Partyhengste ohne Gefühle, denen die Höschen zu Füßen liegen
und die auf Tour alles durchnehmen, was nicht bei drei im eigenen Schlafsack landet. Bei all den überspitzten Narrativa über
Urban Dating gibt es wohl keinen Mythos, der verklärter, der
unrealistischer ist als dieser und vor allem ohne das Zutun von
Frauen wieder und wieder reproduziert wird.

Ich frage mich: Wie kommen Menschen zu der Annahme, dass
es immer die Musiker sind, die Frauen abservieren – und nicht
umgekehrt? Dass Musiker gottgleiche Wesen sind mit ihren Gi-
tarren, die nur mal kurz etwas anspielen und dabei die Lippen
verführerisch zusammenkneifen müssen wie beim abendlichen

Klogang, um eine erwachsene Frau vor ihren Augen in flüssiges und nach ihren Vorstellungen formbares Wachs zu verwandeln?

Ich mache mich mit Lippenstift und Wechsel-Shirt auf den Weg zu einem Festival in Mecklenburg-Vorpommern, um den Gegenbeweis anzutreten. Denn ich weiß genau über die fragile, dem Musiker-Ego inhärente Männlichkeit Bescheid, die nach einem biergeschwängerten Schwitzkonzert sehnlichst darauf wartet, mit Komplimenten («You was great!») gestreichelt zu werden, die ihre prekäre und damit im direkten Zusammenhang mit der elterlichen Abhängigkeit stehende Künstlerexistenz auch weit über das Alter von 30 hinaus «rechtfertigt», ohne jemals den Durchbruch geschafft zu haben.

Tief in ihrem Innersten wissen sie, dass interessante Frauen wie wir kein Interesse an ihrer durchschnittlichen Radiomusik ohne Tiefgang haben, solange sie das Handwerk beherrschen (if you know what I mean) und uns vor dem Oralverkehr keinen Scheißdreck von Oasis vorspielen.

Bevor man sich einen Musiker und/oder seine Band aufreißt, ist es wichtig, das potenzielle Terrain einzuschätzen und, noch wichtiger, einzugrenzen. Dazu greift man sich erst mal einen Timetable beim Eingang, geht die Bands – Schritt für Schritt – mit seinen Freundinnen durch und markiert als Gedächtnis-stütze alle in Frage kommenden Subjekte mit einem Leuchtstift.

Headliner sind für gewöhnlich etwas schwerer aufzureißen als mittelständische Indie-Boys, die sich gegenseitig die Jeans ihrer kleinen Schwestern leihen und im Dunkeln unmöglich auseinanderzuhalten sind. Jedenfalls kann es nicht schaden, schon früh am Start zu sein und sich Bands, deren Namen an Be-steck erinnern, auf der abgelegensten Drecksbühne (Stichwort: Red Bull Bandwagon) anzusehen.

Die Jungs auf diesen Bühnen imitieren dieselbe Attitüde wie die ganz Großen, auch wenn sie nebenberuflich Werbetracks für

Aldi einsingen. Aber dazu später. Sofern sie dir ihren Orangen-saft-Jingle nicht stolz unter die Nase reiben, während sie gerade den ersten Plastikbecher Weißwein von achtzehn saufen und ein wenig zu auffällig in deine Augen schauen, ist alles bis auf ihr offensichtliches Alkoholproblem in Ordnung.

Ganz wichtig ist, sich nicht wie 14-jährige Groupies in der ersten Reihe zu verhalten und besser lässig mit einem Hut an irgendeinem Tontechnik-Pfosten zu lehnen, bis der Sound ein-setzt. Musiker sind in der Hinsicht wie wilde Hunde: Sie können deine Bewunderung wie Angst riechen und wittern so schnelle Beute. Wenn du ihnen allerdings mit Freude statt Erwartungen kommst, werden sie genauso schnell fügig wie jeder andere Kerl, mit dem du eigentlich nie ins Bett gehen wolltest.

Unauffällig im Hintergrund stehe ich dann also, gemeinsam mit den acht anderen Frauen, die es vor 18 Uhr zur Bandbeschau geschafft haben, um die Live-Performance der neuen EP zu be-klatschen, die die Mannskinder vergangenen Frühling in Leip-zig aufgenommen und dafür ihr letztes Unterhemd verpfändet haben.

Schade, denke ich, während ich an meinem Gin Tonic nippe, dass sie mit derselben Leidenschaft bisher nichts anderes in ihrem Leben angepackt haben.

Da sich um diese Uhrzeit nur sehr wenige aus ihren Camping-stühlen raus zum Konzert geschleppt haben, ist es verhältnis-mäßig einfach, Blickkontakt zum Sänger herzustellen. Wer das weiß, ist später klar im Vorteil und zeigt den Bandmitgliedern danach erst mal die kalte Schulter.

Langsam wird es brenzlig: Eine ganze Band vor sich zu haben und auf Basis des genderverkehrten Cheerleader-Effekts eine Entscheidung zu treffen fühlt sich wie die schlecht bebilderte Speisekarte beim Chinesen ums Eck an. Wie soll man bitte schön eine Auswahl treffen, wenn es keinen Unterschied zwi-schen Nummer 1, 3, 4, 7 und 8 gibt? Können wir endlich aufhören,

Gitarrenkoffer mit Fruchtbarkeit in Verbindung zu bringen wie breite Hüften?

Als ich schließlich durch einen glücklichen Zufall neben der Band der Begierde auf der Bierbank lande, passiert der Rest anstrengungsarm automatisch. Ich kenne keinen Track, ich verwechsle ihre *Namen* und betrinke mich mit allen fünf gleichzeitig (ist billiger). Aus schierer Entscheidungsunfreudigkeit bin ich kurz davor, eher die ganze Band zu vögeln, als Russian Roulette ins Ungewisse zu tippen. Machen wir uns nichts vor: Schlussendlich werde ich ohnehin bei dem mit den fettigsten Haaren im Zelt enden.

Der Sex ist vorhersehbar und wenig befriedigend – so wie alles, was man seinem Körper nach drei Uhr morgens zuführt – und endet darin, dass er mir fünf Minuten nach der Verabschiedung auf Twitter folgt, obwohl er kein Deutsch spricht.

Immer noch besser, denk ich mir, als der x-te Geschichtsstudent, der immer wieder in den unpassendsten Momenten vom Zweiten Weltkrieg anfängt. Es kann nur einen arbeitslosen Geisteswissenschaftler geben, und sorry, der Platz ist bereits für mich reserviert.

## Gebt es doch zu,
## wenn euch eine Romanze wichtiger ist
## als eine Freundschaft

Als ich in der U-Bahn auf meinem Smartphone ohne Daten-volumen über alte Fotos scrolle, bleibe ich bei einem pinken Bild hängen, das ich vor achtzehn Monaten gespeichert hab. Daraufgeschrieben, in einer edgy Font: «Fries before Guys». Es erinnert mich sofort an das latent misogyne «Bros before Hoes», einen Spruch des Karrieresexisten Barney Stinson aus «How I Met Your Mother», der sich nie zu schade war, für einen billigen Aufriss in ein Piratenkostüm zu schlüpfen, als ob es der ober-bayerische Karneval und nicht New York wäre.

Ich weiß noch, damals, da mochte ich Sprüche wie diese, weil sie neu und empowernd waren, weil sie mir und vielen anderen suggerierten: Egal, was mit deiner Beziehung ist – du hast im-mer noch Pommes. Oder eben deine Bros. Eine Freundschaft, so haben wir uns das regelmäßig gegenseitig in Gesprächen und Pinnwandeinträgen bestätigt, überdauert deine Beziehungen.

Selbstverständlich, denn Freundschaften werden fürs Leben gemacht, während Liebesbeziehungen immer nur für einen Zeitabschnitt gelten, für die Post-Matura-Apokalypse oder den Sommer danach, für das erste, zweite und dritte Semester, vielleicht für das ganze Studium, aber irritierenderweise nicht mehr danach.

Regelmäßig scheiterten wir an der Umsetzung des Narrativs und den gutbürgerlich geplanten Einbrüchen spätnachts ins Schwimmbad. Wir fuhren nicht auf das Festival in St. Pölten im Sommer 2014. Wir hatten keine Sechser-Tragerl auf Vorrat beim

Billa gekauft oder das Auto vom Vater geborgt, und sonderbarerweise sind wir auch nie zusammen in eine Altbauwohnung gezogen.

Denn das haben wir dann mit Hase gemacht. Oder mit Schatzi. Mit Bienchen. Mit dem Prinzen und der Prinzessin.

Uns sind Menschen dazwischengekommen, die wir viel kürzer kannten als uns gegenseitig. Männer, die wir in Bars aufgegabelt haben am Tresen und die ein Jahr später darüber bestimmen konnten, wann wir nach Hause kommen. Frauen, die sich ganz langsam, ohne dass wir es bemerkt hätten, zwischen uns stellten mit Wochenendplänen und die von nun an immer dabei waren, wenn wir uns sahen, ohne dass vorher noch jemand groß Bescheid gegeben hätte.

Es gibt unzählige Artikel, die das kritisieren oder helfen wollen. Sie heißen «How to: Freunde behalten, wenn du eine Beziehung hast» oder «Beziehung und Freundschaften: So wirst du Freund UND Freundin gerecht». So schreibt zum Beispiel eine Autorin, der es schwerfällt, gleichzeitig eine gute Freundin und eine feste Freundin zu sein: «Oft stoße ich an die Grenzen meiner Kapazitäten der perfekten Freundin, weil ich eben nicht teilbar bin, weil ich mich manchmal für das eine oder andere entscheiden muss. Bin ich denn eine Rabenfreundin, wenn ich meinen Boy bevorzuge?»[2] Sie schreibt, das Problem sei die Zeit. Ich finde: Das Problem geht viel tiefer.

Sosehr wir uns danach sehnen, Freundschaften zu führen, die gleichzeitig so zart wie Zuckerwatte und standhaft wie eine Liebesbeziehung sind – in den meisten Fällen geht die Leichtigkeit im Laufe des Erwachsenenlebens zwischen Alltagsstress und To-do-Listen verloren. Wenn Freundinnen nur füreinander da sind, um alle zwei, drei Wochen mal bei einem Gin Tonic Probleme zu wälzen und ansonsten keinen Mucks von sich hören lassen, dann wundere ich mich nicht, warum sich die Autorin für ihren *Boyfriend* entscheidet.

Es klingt wahnsinnig rückständig und unemanzipiert dieser Tage, und ich kenne niemanden, der offen zugibt: «Oh, meine Beziehung ist mir wichtiger als meine Freunde.» Und doch zeigen die eigenen Handlungen, was jetzt bei wem an oberster Stelle steht: essen gehen mit den «Mädels» (können wir bitte endlich Frauen sagen?) oder kuscheln auf der Couch. Dass die Vereinbarung einer Karriere und einer Familie ein Problem ist, wurde bereits gesellschaftlich erkannt. Aber dass Freundschaften heutzutage scheitern, weil sie uns vielleicht nicht mit dem versorgen können, was wir wirklich brauchen, darüber spricht niemand.

Es ist wohl zu viel verlangt, Vorsätze wie «Wir müssen uns bald wiedersehen» in seinen funktionierenden Alltag einzuschieben und mal tatsächlich spontan abends vorbeizukommen, wie es die Beziehung tun würde, um sich die Probleme anzuhören oder einfach einen Film anzuschauen. Jetzt, wo wir alle in gut dekorierten Zweizimmerwohnungen leben und unsere soziale Ader auf Instagram ausleben, wäre das ganz schön *awkward*. Und dann wundert sich irgendwer, warum Menschen immer noch auf der Suche nach der ganz großen, vielleicht auch mittel-okayen Beziehung sind, die ihnen Halt gibt? Oder gibt es eine andere Erklärung dafür, warum ich noch nie einen erwachsenen Mann kennengelernt habe, der eine enge Bezugsperson abseits seiner festen Freundin oder Ehefrau vorweisen konnte?

Wo sind denn die Freundinnen und Freunde, die wir anrufen können, wenn uns vielleicht nicht die Kündigung erreicht, aber eine andere schlechte Nachricht? Wo sind die Freundinnen, die sofort alles stehen und liegen lassen würden für den anderen? «Klar», sagen wir uns, «natürlich haben wir eine Person, die da wäre.» Also, wenn sie nicht gerade beruflich in Lissabon ist. Oder in Greifswald studieren würde. Oder auf die Taufe der kleinen Schwester des Verlobten müsste.

Eine US-amerikanische, queere Autorin schreibt in ihrem

Essay «Who Takes Care of Us When We Are Single»[3] darüber, was es bedeutet, keinen emotionalen und physischen Support zu haben.

> «I am tired of fighting my friends. I am tired of trying to convince them that I matter as much as their romantic interests and partners. In many ways, who we choose to love is also a decision of who we invest in, and who we distribute the resources necessary to keep one another alive – including care. I am tired of trying to get people who love me to see that I am worthy of love, care, investment and attention as much as their romantic partners. I am tired of trying to make those who love me see that I am worthy of care.»

Was die Autorin beschreibt, ist so hässlich wie wahr. Obwohl sie sich ohne Partner nie inadäquat gefühlt hat, erfährt sie gerade am eigenen Leib, was es bedeutet, außen vor gelassen zu werden. Oder wie sie es nennt: *being singled*. Sie erkennt, dass die Vorteile, die wir durch romantische Beziehungen genießen, nicht nur monetärer und physischer Natur sind. Sie sind von täglicher, alltäglicher zwischenmenschlicher Gegenseitigkeit. Eine Investition und Pflege. Eine Praxis, in jemanden zu investieren und ihn so zu betreuen, dass sich die Anwesenheit des anderen jeweils nicht als Zwang anfühlt.

Sie wünscht sich die Sicherheit, auf jemanden zählen zu können, der sich um sie kümmert, wenn sie krank ist. Der vorbeikommt und da ist in Zeiten einer Krise. Um Traurigkeit und Freude zugleich zu teilen. Die Autorin kommt zu dem Schluss, dass wir kulturell so voreingenommen sind, all diese Dinge selektiv zu verteilen und sie dadurch letztlich nur an diejenigen zu verschwenden, mit denen wir in romantischen Partnerschaften stehen. «Ich habe Unterstützung aus platonischen Beziehungen erhalten, als ich jünger war, aber je älter ich werde und je mehr

meiner Freunde ernsthafte Beziehungen eingehen, desto seltener wird es, bis der Support letztlich beinahe ganz aufhört.» Ja,
haben wir Vergebene vielleicht gar angefangen, Sex gegen Zu-
neigung und Pflege zu tauschen, ohne es zu bemerken?

Vielleicht liegt unsere ungewollte freundschaftliche Verein-
samung wirklich an der westeuropäischen Nichtwillkommens-
kultur, die uns schon von klein auf beigebracht hat, Fremde nur
alle drei bis sechs Monate in unser Haus einzuladen und nach
drei abgesessenen Stunden wieder dorthin zu verabschieden,
wo jeder sein eigenes Leben hat.

Oder wie mir die Berlinerin letztens erzählte: Sie hat von
ihren Eltern nie gelernt, was es bedeutet, Freundschaften zu
pflegen. Die Menschen, die vorbeikamen, waren gar keine richtigen Freunde, weil richtige Freunde, die mag man doch? Das
waren Menschen, die verheiratet waren und ungefähr dasselbe
arbeiteten im nahe gelegenen Industriegebiet, die auch mal
etwas tun wollten, Freitagabend. Und wenn es bedeutete, das
Haus zu verlassen.

Ganze Ehen sind so wie ihre renovierungsbedürftigen Häuser
am Stadtrand bestehen geblieben. Weil sie für die darin lebenden Paare die einzige ernst zu nehmende Unterstützung dar-
stellten, nachdem die Eltern verstorben waren.

Solange wir zehn Jahre verspätet so weitermachen wie unsere Eltern und uns mit spätestens Anfang dreißig in die Orte zurückziehen, um dort auf unsere Freunde zu warten, die zu faul
sind, hinauszufahren, weil es doch fünfzig Minuten sind statt
zehn, die man nach der Arbeit unterwegs ist, erkläre ich die lustigen Sprüche auf Instagram für gescheitert.

Für ein weiteres Märchen, das leicht konsumier- und klickbar
in unsere Köpfe gelangt ist, um dort auf eine Umsetzung durch
andere zu warten.

## Wenn schon «alle Guten» weg sind,
## ja was machen dann wir noch hier?

Bis ich ihn kennenlernte, hatte ich nicht gewusst, dass es möglich war, sich in den Dialekt des eigenen Vaters zu verlieben. Von der ersten spritzweingetränkten Begegnung bei einer Abschlussfeier am Yppenplatz an fühlten wir uns wie alte Freunde. Fast so, als ob wir uns schon einmal zu einer anderen Legislaturperiode im Untergeschoss vom Clubschiff die Hände in die Jeanstaschen gesteckt hätten.

Ich fand, dass er in echt ein bisschen kaputter aussah als auf seinen geschönten Urlaubsfotos auf Facebook, und das mit dem komischen Oberarmtattoo hat er mir auch erst später erzählt, aber leider hat jemand mit einem schlecht herausgewachsenen Undercut das Recht, besonders wählerisch zu sein. Es gab nur ein Problem: Ich war auf Urlaub in Wien. Lächerliche 500 Kilometer mit dem Auto quer durch Tschechien standen zwischen uns und einer dummen Idee.

Die erste Woche zurück in Berlin verlief unproblematisch. Mein Körper war auf Ruhe gestimmt. Mein Geist besessen davon, die Gefühle mit allen Mitteln beizubehalten, sie zu konservieren wie entkernte Dosenfrüchte und spätnachts wieder aufzuwärmen wie Marillenknödel vom Vortag. Gar zu portionieren, wenn es sein müsste. Damit es reichen würde bis zum nächsten Mal. Tragisch, dachte ich, dass ich mich von Tag zu Tag weniger an das erinnern konnte, was mich in Wien überwältigte. Als ob die Distanz alleine einen geschmacksneutralisierenden Schleier über mein Begehren gelegt hätte.

Ich spürte den Verlust, als er anfing, ohne dass sich der Lösungsprozess durch eine Regung seinerseits abzeichnete. Eigentlich war er schon in Wien weg, dachte ich, obwohl er gerade noch neben mir lag. Ich spürte seine bevorstehende Abwesenheit wie einen Husten, der sich am Tag der Infektion selbst noch nicht in seiner Gänze zeigte und erst Tage später ein Kratzen im Hals verursachte.

War es deshalb so schwer, loszulassen? Weil man Angst hatte vor dem Moment, wenn es tatsächlich und unumkehrbar so weit war und man auf sich selbst zurückgeworfen wurde?

Unser Konstrukt hatte etwas Zwanghaftes, das uns zurückhielt. Obwohl es erst angefangen hatte, fühlten wir uns bereits zu einer Lösung verpflichtet. Es würde notwendig sein, in dieselbe Stadt zu ziehen, um dem Ganzen eine realistische Chance zu geben. Einer von uns beiden, das wusste ich jetzt, hätte am Ende meiner Sommerpause zu Hause Zugeständnisse machen müssen.

Stattdessen wurden wir zu einer schlecht kalkulierbaren Nebenkostenabrechnung einer Fernbeziehung. Zu zwei Menschen, deren gemeinsame Zeit immer zu Ende sein würde, bevor sie genug voneinander hatten.

Oft habe ich mich gefragt, warum ausgerechnet mir das Leben schon wieder einen mentalen Klotz in den Weg legte, ohne zu erkennen, dass ich ihn selbst vor meinen Füßen platziert hatte. Ich lud ihn ein, er sagte zu. Und kam doch nicht.

Der Abstand zwischen uns wurde nicht nur durch die uns trennenden Kilometer größer.

Vielleicht waren die Guten wirklich schon alle weg, sagte ich mir, deshalb bezeichnete ich ihn vor meinen Freundinnen auch als den Schlechten. Den, der «nicht vermittelbar», «bindungsscheu» oder «noch nicht bereit» war. Dabei war ich, wenn ich ehrlich zu mir war, genauso wenig verfügbar wie er.

Ich dachte, dass die Liebe das Natürlichste der Welt war,

etwas, das mir schon noch einmal passieren würde, ohne zu bemerken, dass ich mich abgeschottet hatte von realistischen Möglichkeiten und mich erst dann öffnete, sobald ein Urlaub samt Abreise bevorstand. Das uns drohende Ende hatte unserer kurzen Liebelei einen Glanz verliehen, die sie unter normalen Umständen nicht genossen hätte, ja, die sie nicht verdient hatte. Es war leicht, an etwas dranzubleiben, wenn das Ablaufdatum auf dem Flugticket geschrieben stand. Wenn man, rein rational betrachtet, wusste, dass es ein Ende haben würde, ohne dass darüber ein Machtwort verloren werden müsste.

Vier Wochen später fand ich für mich einen Schlussstrich.

Drei Monate danach sind wir Freunde geworden – und sprachen zum ersten Mal ehrliche Worte über das, was zwischen uns passiert ist.

Ich schreibe ihm spätnachts.

«Weißt du, wenn es eine Sache gibt, die ich gelernt habe seit dem Sommer, dann ist es, dass die große Liebe nicht da ist, sondern dass du sie zu einer solchen machen musst, statt sie klein zu halten und herunterzuspielen. Dass dafür eine gewisse Größe notwendig ist, die keinerlei Platz für unbegründete Zweifel hergibt, die nicht ständig alles hinterfragt, sondern dich handeln lässt, um auch nur den Hauch einer Chance zu entwickeln.»

Er schreibt prompt zurück und gibt mir recht: Das Problem lag nicht darin, dass wir zu wenige Gefühle hatten. Es lag darin, dass wir Angst hatten, uns zu ihnen zu bekennen. Obwohl wir in Kontakt blieben, uns besuchen wollten und telefonierten, gab es letztlich nichts als leere Lippenbekenntnisse. Keinen Moment, in dem einer von uns beiden gesagt hätte: «Das ist es. Lass es uns versuchen. Ich möchte mit dir zusammen sein.» Ich war er, und er war ich. Zwei Teenager, die mehr an die Liebe glaubten als an alles andere, aber unfähig waren, sich einzugestehen, wahnsinnig schlecht in deren Ausführung zu sein.

Wir waren der Annahme, dass sich die «ganz große Liebe» anders anfühlen würde. Dass man nicht zweifeln und an andere denken, dass man *es* wissen würde – so wie früher. Wir hatten vergessen, dass wir nicht mehr 19, 20 oder 21 waren wie auf den Fotos auf meiner Festplatte. Vom Schein einer ersten historischen rosaroten Zeit geblendet, blieben wir in unserer Teenager-Existenz stecken, als ob wir Opfer unserer Triebe alleine blieben.

Was uns fehlte, war ein Gegenpart, der uns in Momenten, in denen die Rationalität am Gegenwärtigen zerrte und die guten gegenüber den schlechten Seiten abwertete, eine ordentliche Portion Zuversicht schenkte. Jemanden, der sich unser sicher war, wenn wir uns schon selbst nicht sicher sein konnten.

Ich habe inzwischen gelernt, dass eine gute Beziehung zwar aus Zufall beginnt, aber keinen Bestand hat, solange nicht zumindest einer von beiden gewillt ist, sich der unkontrollierbaren Irrationalität der Sache auszuliefern. Der Soziologe Niklas Luhmann hat den Zufall als solchen bereits in «Liebe als Passion» auseinandergenommen, indem er sagt: «Amor schießt nicht zwei Pfeile zugleich.» Man müsse schon ein wenig nachhelfen.

In diesem Sinne ist Liebe selbst kein *Gefühl*, sondern ein Code, nach dessen Regeln wir Gefühle ausdrücken, bilden, simulieren, leugnen und uns mit alldem auf die Konsequenzen einstellen können.

Ich musste unterscheiden lernen. Zwischen tatsächlichem Nichtwollen und Selbstsabotage. Stets im Wissen darüber bleiben, dass die Bindung zu einem Menschen nicht die ultimative Antwort auf dieses Loch in mir ist.

Ein existenzielles Loch, das sich nicht mit einer neuen Beziehung, dem x-ten Date, dem nächsten One-Night-Stand oder obsessivem Texting stopfen lässt.

Es ist bodenlos.

## TEIL ZWEI

## WILLKOMMEN IN DER
## ELLBOGENGESELLSCHAFT

Dass die Beziehung zwischen der Arbeit und mir schon sehr früh eher unangenehmer Natur war, kann ich so auf jeden Fall festhalten. Ich hab nie verstanden, warum man seine ganze Schulzeit darauf hinarbeitet, als Erwachsener frühmorgens aufzustehen, um seine Zeit in sterilen Unternehmenskomplexen abzusitzen. Während meine Eltern ihren Jobs nachgingen, verbrachte ich meine Zeit in der Oberstufe zwischen 8.00 und 14.00 Uhr nägelkauend auf der Zweierbank neben einer Vorzeigeschülerin aus Groß Enzersdorf mit Hang zum Übertrumpf.

Mit ihren guten Manieren und der Garderobe einer 40-jährigen Vorstandsvorsitzenden ausgestattet, war sie schon mit 16 perfekt vorbereitet auf die unbarmherzige Leistungsgesellschaft, in die uns das Schulsystem später entlassen würde, und hatte, anders als ich, migrantisches Mittelschichtskind mit proletarischer Grundsozialisation, keinerlei Probleme, bei ihren Ferialpraktika in mittelständischen österreichischen Unternehmen einen Platz zu finden. Keinerlei Probleme damit, sich in ein künstlich konstruiertes Gefüge einzugliedern, das jedem Mitglied seiner Kette eine klare Position mit festgelegtem persönlichen Spielraum gewährte.

Die Wirtschaftskrise kannten wir aus den Zeitungen. Im

BWL-Unterricht führten wir Tagebuch darüber, als ob es sich dabei um eine lustige Geschichte und nicht das Dahinbröckeln unserer Zukunft handelte.

Während sich keines meiner Praktika je über Nacht in ein tatsächliches Jobangebot verwandelte, wurde die Vorzeigeschülerin nicht müde zu betonen, wie gerne die Kollegen sie um sich hatten und wie bald sie schon nach der Schule in der Abteilung ihrer Tante als Projektmanagerin anfangen könnte, ohne zu bemerken, dass sie mich damit verletzte.

Ich wusste damals nicht, was sie anders machte als ich, aber sie machte ganz offensichtlich etwas richtig, während ich in der Regel dazu angetreten war, den ganzen Sommer lang vor einem Computer ohne Internetzugang zu sitzen und auf den sogenannten Feierabend zu warten, der weniger aus Feiern als aus Angst vor dem nächsten Morgen bestand.

Ich war keine, die man mit stumpfsinnigen Arbeiten abspeisen konnte, ohne deren Sinn zu erklären. Ich war ein richtiger *pain in the ass*.

So würde das nicht weitergehen, später, sagte ich mir. Obwohl ich keine Lust auf ein Studium und weitere fünf Jahre Lernerei hatte, sah ich es als notwendiges Sprungbrett, das mich zumindest kurzzeitig aus der Marktabhängigkeit katapultieren würde, bevor ein paar Jahre später der große Bauchfleck[*] folgte.

Im Herbst 2010, ich hatte gerade meinen Doppelbachelor in Politik und Publizistik in Wien begonnen, war ich auf der Suche nach einer geringfügigen Beschäftigung, die mich nicht groß vom Studium abhalten und gleichzeitig genug Geld für einen Abstecher ins Wiener Nachtleben abwerfen würde. Kann ja nicht so schwer sein, sagte die 18-Jährige, ohne nennenswerte

---

[*]   Österreichisch für: Bruchlandung auf dem Wasser

Berufserfahrung, in hoffnungsvoller Erwartung auf die ihr bevorstehende Arbeitswelt.

«Assistentin eines Steuerberaters» klang in meinen Ohren nach einer Tätigkeit, mit der man sowohl bei den Großeltern («Endlich was Gscheits!»), als auch unter den angehenden Jurastudierenden im Freundeskreis angeben konnte, die, anders als man selbst, vermeintlich etwas Richtiges studierten. Ich bekam den Job.

Witzig, wie angenehm sich der Erfolg einer Zusage anfühlte, selbst wenn mir die Aussicht auf die bevorstehende Arbeit einen mittelgroßen Knoten im Hals verursachte.

Im vierten Stock eines noblen Altbaus im ersten Wiener Gemeindebezirk angekommen, sollte ich erfahren, was es bedeutet, eine Angestellte zu sein. Die Firma war in etwa so alt wie ihr Besitzer und bestand – exklusive mir – aus drei Personen. Dem Folterherrn, einem etwa 60-jährigen Grantler der alten Wiener Schule mit weißen Haaren und Schnauzer, der kein Mitgefühl für niemanden übrig hatte; seiner jungen, blonden Sekretärin aus dem Mühlviertel, deren zähe Mundart mir bei Absprachen zu schaffen machte, und der etwa 50-jährigen, zierlichen Buchhalterin ohne bleibenden Eindruck. Der Büroprunkraum erinnerte an eine Kulisse aus der Hofburg: Edelholzvertäfelung, Damast an den Wänden. Eigentlich verwunderlich, dass wir keinen Hofknicks machen und im Kostüm antanzen mussten, wo schon der Rest der Arbeitsatmosphäre so stark ans Feudalsystem erinnerte.

Neben seiner eigentlichen Tätigkeit als Jurist war der Folterherr vor allem damit beschäftigt, seine Scheidung durchzuboxen. Die Mitarbeiterinnen durften abwechselnd seine in unleserlicher Handschrift verfassten Protokolle abtippen und sich die abfälligen Bemerkungen über seine Exfrau im Sorgerechtsstreit um seinen Sohn anhören. Das Klima war angespannt.

Ich hatte die Aufgabe, Post abzuholen, Taxi- und Essensrechnungen in Excel-Tabellen einzutragen und, sobald ich fertig war, die überquellenden Ordner an den vier Meter hohen Wänden neu zu sortieren, die sich altersbedingt bereits aufzulösen schienen. Fünfzehn Stunden die Woche sei das wohl auszuhalten, sagte ich mir. Die Arbeit war langweilig, stumpfsinnig und unterfordernd.

Der Folterherr beachtete mich kaum. Seine 55-jährige Buchhalterin hatte nicht so viel Glück. Wenn sie ihren Arbeitsplatz um 17 Uhr verlassen wollte – was dem Ende ihrer Arbeitszeit entsprach –, ließ er abfällige Witze über ihr Liebesleben fallen. Mal vor, mal hinter ihrem Rücken. «Die Alte fährt wohl schon wieder früher heim zu ihrem Habschi\*, damit er sie vom Bahnhof abholt», gehörte zum beleidigenden Standardrepertoire. Manchmal ließ er sie nicht gehen, weil angeblich «noch schnell etwas erledigt gehörte». Sie blieb sitzen und sagte: nichts.

Ich mochte die Buchhalterin. Sie war immer nett zu mir. Einziges Manko: Für meinen Geschmack holte sie deutlich zu selten zur Widerrede aus. Manchmal sah ich Tränen in ihren Augenwinkeln, wenn sie sich die Jacke überwarf und nach Hause ging. Warum kündigte sie nicht, wo ihre Menschenwürde so eindeutig verletzt wurde?

Die Antworten auf meine naiven Fragen kenne ich heute. Aus Angst, die Miete nicht bezahlen zu können. Aus Mangel an Alternativen in ihrem Alter. Aus Vorfreude auf bessere Zeiten in der Pension. Für mich ging es um nichts. Für sie durchaus um etwas. Hartnäckig klammerte sie sich an den alten Vorstellungen fest, die ihr Sicherheit vorgaukelten, ohne diese tatsächlich zu gewährleisten.

Als ich nach Weihnachten von meinen Großeltern zurück nach Hause kam, fand ich einen an mich adressierten Brief im Postkästchen meiner Eltern. Es handelte sich um einen dieser Mo-

---

\*  Österreichisch für: Liebhaber

mente, in denen niemand erst auf ein passendes Messer zum Öffnen wartet, sondern der nächstbeste Gegenstand zur Hand genommen wird, der sich zum Überbringen der Hiobsbotschaft eignet.

Als ich den Brief eilig mit meinem Schlüssel aufriss, ahnte ich Schlechtes und sollte recht behalten. Ich war ohne vorherige Alarmsignale gekündigt worden. Ich «brauche nicht mehr zu kommen», stand da auf zwei Zeilen. Schwarz auf weiß. Ich sei mit der Arbeit «überfordert».

Meine erste Kündigung war ein Erlebnis, das keines Eintrags im Tagebuch bedurfte, um mich auch noch Jahre später an das Fehlversagen zu erinnern. Ich war so wütend. Lange machte ich mir Vorwürfe und grübelte darüber, was ich besser hätte machen können. Ob ich nur freundlicher lächeln oder aufmerksamer hätte Akten schichten müssen? Meine Vorgängerin hatte es doch auch geschafft. Überhaupt gab es immer irgendjemanden, der meinen Job offenbar besser schaffte als ich. Jemanden, der bereit war, mehr zu geben, mehr zu machen, mehr auszuhalten.

Auf der Homepage der Uni-Jobbörse fand ich ein paar Tage später, als ich nach etwas Neuem Ausschau hielt, dasselbe Stelleninserat wieder. Es war ein bisschen wie den Ex auf Tinder sehen, obwohl man ihn gar nicht wiederhaben will. Kein gutes Gefühl, das mir klare Sicht auf ein Problem bescherte: die eigene Ersetzbarkeit.

Diese Geschichte lehrte mich eines: Es wird nicht erwartet, dass wir mutig sind und für unser Recht, beispielsweise zu einer vereinbarten Uhrzeit nach Hause zu gehen, einstehen. Dass wir unsere Würde verteidigen, wenn sexistische Aussagen die Runde machen. Es wird erwartet, dass wir dableiben, bis unser Chef geht, weil wir sonst als faule Angestellte gelten. Gehorchen und uns in die Machtstrukturen einfügen, die vorhanden sind. Verharren, bis wir gekündigt werden oder die Verträge auf natürlichem Weg auslaufen wie schlecht verschraubte Joghurt-

Drinks in Henkeltaschen. Wer das nicht tut, wird ersetzt. Und das schneller, als er morgens sein Mail-Programm öffnen kann.

Die Angst, ersetzt zu werden, hat sich bis heute bei mir eingebrannt. Sie war der Triumph meines ersten Arbeitgebers, der mich mit einer Geste für den Markt kompatibel machte.

Auch bei meinem nächsten Job an der Rezeption eines Fitnesscenters war ich eine austauschbare, billige Arbeitskraft.

Die Schichten auf der nach Putzmittel und Schweiß riechenden 500-Quadratmeter großen Fläche gingen von 6 Uhr morgens bis mittags, dann von mittags bis 18 Uhr und dann von 18 Uhr bis Mitternacht. Aufsperren oder Zusperren, die Geräte checken, Abonnements verkaufen, Proteinshakes mit unterschiedlichen Geschmacksrichtungen und Zusatzstoffen anbieten – das waren meine Aufgaben. Von meiner vorherigen Erfahrung enttäuscht und geläutert, gab ich diesmal wahrlich mein Bestes. Ich grüßte freundlich, sperrte immer rechtzeitig auf und zu, machte keinen Fehler bei der Kasse. Die Chefs waren zufrieden – bis zu diesem einen Vormittag.

Ich tat etwas, das zwar für den menschlichen Verstand, aber nicht unbedingt für das betriebliche Wachstum stand: Ich vergaß, einem Kunden ein Solariumabonnement anzubieten, als der Chef gerade im Kontrollmodus hinter mir stand. Vergessen ist in diesem Kontext vielleicht das falsche Wort. Der Mann hatte einen erschreckend rötlich entzündeten Teint und meiner Ansicht nach keinerlei Sonnenbank-Nachholbedarf. Der Chef allerdings sah das anders.

Nachdem der Kunde meinen Fittichen entkommen war, fragte der Chef selbst noch mal nach und bekam als Antwort ein knappes und erwartbares «Nein» zu hören. «Na bitte», dachte ich mir. «Geht doch.» Wenig später wurde ich samt zittrigen Knien ins Hinterzimmer zitiert. Nichts triggert so sehr wie spontane Personalgespräche. Der Chef meinte, ich hätte einen schlechten Job im Verkauf gemacht, schließlich solle ich immer fragen, ob die Kunden zusätzliche Abos oder Proteinpulver möchten. Auf seinem Tisch lagen bereits die Bewerbungsunterlagen neuer Mädchen.

Als ich erklärte, dass ich mir um die Gesundheit des Mannes Sorgen gemacht habe, fuhr er mir über den Mund. Ich war eine Nummer im Personalwesen. Sein Business, seine Regeln. Kurz vor meinem hart verdienten Sommerurlaub bekam ich: die Kündigung – und fuhr mit dem grandiosen Gefühl nach Kroatien, mich wieder zur Idiotin der Nation gemacht und für etwas eingestanden zu haben, das außer mir niemand wertschätzte. Hätte ich doch einfach nach dem Abonnement gefragt, hätte ich doch meinen Kopf ausgeschaltet, meinen gottverdammten Mund geöffnet.

19 Jahre, und schon wollte mich niemand auf dem Arbeitsmarkt haben. Wie sollte das weitergehen? Würde ich für immer bei meinen Eltern wohnen bleiben, vereinsamt und unfähig, für mich selbst zu sorgen?

Ich versuchte mir einzureden, dass ich das Richtige getan hatte, dass ich nicht gegen meinen Willen handeln konnte, dass ich nicht – nur weil eine Handlungsanleitung Handlungsanleitung war – danach arbeiten musste, weil ich mein eigener Mensch war. Und doch sah ich, als ich meine frisch gewaschene Arbeitskleidung zurückbrachte und mich von den Kolleginnen verabschiedete, dass es andere gab, die all das sehr wohl schafften.

Die, die es schafften, sich wie hörige Maschinen zu verhalten, die zur Sekunde eins ein Lächeln für die Chefs aufsetzten, um am Ende des Monats ein lächerliches Gehalt auf dem Konto zu haben, von dem am Ende des nächsten Monats mal wieder nichts übrig war für die neue Waschmaschine. Kolleginnen, die sich gerade für ein Haus verschuldet hatten und keinen anderen Ausweg fanden, als hierzubleiben und sich gegen ihren Willen zu unterwerfen.

Oder, noch schlimmer, all das mit Bravour auszuhalten und

sich anzupassen an eine kranke Gesellschaft. Kolleginnen, die gar nicht bemerkten, dass ihre Klagen über zu spät ausbezahlte Gehälter, nicht bewilligten Urlaub und unbezahlte Überstunden damit zusammenhingen, dass sie es sich bequem gemacht hatten im kleinstmöglichen Übel und die Kompetenz über ihr Leben in die Hände anderer legten.

«Proletarier aller Länder, vereinigt euch!» lautete der Schlachtruf zu einer Zeit, als es den Armen überall auf der Erde schlecht ging. Aber wie Branko Milanović, der frühere Chefökonom der Weltbank, feststellt: «Die proletarische Solidarität ist tot, weil es kein globales Proletariat mehr gibt.»[4] Und er hat recht damit: Auf den ersten Blick ist es heute kaum noch zu erkennen, wer als Kind sozial schlechter gestellter Eltern zur Welt kam und wer reich geboren wurde. Dank der Billigtextilproduktion in Ländern, in die niemand freiwillig in den Urlaub fährt, muss sich keiner mehr in Fishbone-Klamotten zwängen, sondern kann – zack, zack – mit hipper Hose und Samtshirt zum x-beliebigen Studi-Hipster mutieren. Was an ökonomischem Kapital und Connections fehlt, muss später mit Bereitschaft – und wie man so gerne sagt: Motivation – wiedergutgemacht werden.

Arbeiten, so heißt es, müssen alle. Und das mag schon stimmen. Nur, wenn ihr mich fragt, nicht unter jeder idiotischen Bedingung.

Noch bevor ich diesen Text schrieb, ging ich alle möglichen Argumente gegen ihn durch. Die Argumente der Mamas und Papas («Pass auf dich auf, wenn du so etwas sagst!»), jene meiner alten Freunde aus Schulzeiten («War ja eh klar, dass die nichts Ordentliches arbeiten will!»), die der etablierten Redakteure im Feuilleton, die sich über den kindischen Anfall zur Veränderung («Verallgemeinernd und unwissenschaftlich!») lustig machen würden. Noch dazu verfasst von einer Frau unter 30 aus dem studentisch-urbanen Milieu. Einer Person, die ihre eigenen lächerlichen Probleme mit den Problemen einer ganzen Generation verwechselt.

Ich werde mir Kritik von alten Arbeitskollegen anhören können, dass ich mich «doch einfach nur zurücknehmen müsse», dass ich «nicht immer so dramatisch und energisch» sein solle. Statt mir zuzuhören, werden sie meine Ideen als nicht durchführbar und utopisch bezeichnen, weil sie nicht mit ihren Vorstellungen des Status quo vereinbar sind.

Dabei schrieb schon Oscar Wilde: Sobald wir das Land des Überflusses erreicht hätten, müssten wir unseren Blick auf den Horizont richten und erneut Segel setzen. Nur: Der Horizont bleibt heute leer, weil das Land des Überflusses in Nebel gehüllt ist. Just in dem Moment, in dem wir uns der historischen Aufgabe hätten stellen sollen, diese reiche, sichere und gesunde Welt mit Sinn zu erfüllen, beerdigten wir stattdessen die Utopie. Wir haben keinen neuen Traum, durch den wir sie ersetzen könnten, weil wir uns keine bessere Welt als die vorstellen können, in der wir heute leben.[5]

Wie oft schon musste ich mir als vermeintliche Schneeflocke anhören, dass ich doch bitte nicht so vehement auf meinen «Sonderstatus» pochen solle («Dir geht es doch gut!»), weil ich die Gegenwart einer Wohlstandsära kritisiere, in der sich das Leben frei nach dem amerikanischen Politikwissenschaftler Francis Fukuyama nur noch um wirtschaftliche Berechnungen, die endlose Lösung technischer Probleme, den Umgang mit Umweltproblemen und die Befriedigung anspruchsvoller Konsumbedürfnisse dreht?

Wie oft musste ich mir Texte durchlesen, in denen alte Menschen über mein ach so privilegiertes Milieu urteilten, als ob sie eine Ahnung von unseren erbrachten Opfern, unseren Wertvorstellungen und dem tatsächlichen Erbe hätten, das sie uns ökonomisch und moralisch hinterließen? Vom Klimawandel mal ganz abgesehen.

Tatsächlich glauben die meisten Menschen in reichen Ländern, dass es ihren Kindern schlechter gehen wird als ihnen selbst – und auch ich sehe, dass sich meine Eltern sorgen. Wie sonst kann es sein, dass ihre Tochter mit Mitte, Ende zwanzig, drei Universitätsabschlüssen und einem mehr oder minder stabilen Einkommen keine eigene Wohnung mehr ohne ihre Bürgschaft findet, während sie ohne Universitätsabschluss im selben Alter ein Haus auf eigenem Grund bauten?

Das bereits Bekannte in diesem Buch zu wiederholen ist ein Versuch, das Offensichtliche öffentlich zu machen. Es ist weder Antwort noch Anleitung, sondern ein großes Nein auf die Frage: Soll das alles gewesen sein, was die Leistungsgesellschaft seit der Einführung der Fünftagewoche zustande brachte?[6]

Wollen wir so leben? In einer westlichen Gesellschaft, in der zwar nahezu jedermann Wohlstand, Sicherheit und Gesundheit genießt, aber morgens keinen Grund hat, aus dem Bett zu steigen, weil es im spätkapitalistischen Paradies angeblich nichts mehr zu verbessern gibt?

Wir Millennials sollten gewisse Arbeitsumstände nicht mehr hinnehmen, nur «weil es immer schon so gewesen ist» – übrigens die beschissenste Begründung für alles.

Das wahre Problem unserer Zeit, das Problem unserer Generation ist nicht, dass es uns nicht gutgeht. Das größte Problem ist, dass wir uns nichts Besseres vorstellen können als das Hier und Jetzt – so Rutger Bregman. Dabei träumte bereits Benjamin Franklin davon, dass der Menschheit einmal vier Stunden Arbeit pro Tag reichen würden und das Leben in der übrigen Zeit aus «Freizeit und Vergnügen» bestehen könnte, genauso wie der Literaturnobelpreisträger George Bernard Shaw im Jahr 1900 prophezeite, dass wir im Jahr 2000 nur noch zwei Stunden pro Tag würden arbeiten müssen.

Theoretisch deutet alles darauf hin, dass wir auf eine ausreichende Dosis Arbeitslosigkeit angewiesen sind, um glücklich zu werden, gleichzeitig ist unsere Freizeit so eng mit der Arbeit verknüpft wie nie zuvor. Wir sollen einen Beruf wählen, den wir lieben, um «nie wieder einen Tag in diesem Leben arbeiten zu müssen», und leisten schlussendlich dank Smartphone jede Woche elf Stunden mehr.[7] Wenn es mit der Liebe nicht klappt, so sagt man, sollen wir uns einfach auf die Karriere™ konzentrieren, denn die wacht «schließlich nie eines Morgens auf und sagt, dass sie uns nicht mehr liebt»[*]. Zumindest, solange wir sie wie eine Schlange mit ausreichend Mäusen füttern.

Was uns jetzt übrig bleibt, bis das bedingungslose Grundeinkommen für alle eingeführt und die Wochenarbeitszeit kollektiv auf 20 Stunden gesenkt wird? Wir können entweder träumen. Oder im Kleinen tätig werden. Hinsehen, wenn andere oder wir selbst respektlos behandelt werden. Oder aufhören, die Möglichkeit, ersetzt zu werden, als Worst-Case-Szenario zu fürchten. Irgendwann werden große Konzerne und mittelständische Unternehmen keine Mitarbeiter mehr finden, die nach ihrer Pfeife tanzen.

Die Transformation der Arbeitswelt, die ich im Sinn habe, ist keineswegs ein Abschied von der Arbeit selbst, sonderlich vielmehr von der «Dominanz und dem Umfang bestimmter Formen ihrer Ausübung», wie der Philosoph Martin Seel im Magazin *Hohe Luft* schreibt. «Denn die Alternative zur Arbeit liegt nicht in einer Befreiung von der Arbeit, sondern in einer Befreiung *der* Arbeit – durch eine Reduzierung ihrer vergleichsweise eintönigen, vor allem aber durch eine Steigerung ihrer vergleichsweise selbstbestimmten Formen.»

Amen, Herr Professor. And now, listen.

[*]   frei nach Lady Gaga

## «Wähle einen Beruf, den du liebst, und du brauchst keinen Tag in deinem Leben mehr zu arbeiten» – was für ein Riesenbullshit

«Ich muss jetzt konsequent alles absagen. Man macht immer eine ausnahme und dann klingt noch irgendwas hochinteressant und für wieder was anderes kriegt man viel kohle und plötzlich hat man termine in allen monaten bis nächstes jahr bis ins übernächste und plötzlich ist man 70.»

**STEFANIE SARGNAGEL**

Nachdem der freie Markt relativ früh für mich entschieden hatte, dass ich weder als Rezeptionistin, Aktenschichterin noch als Sekretärin besonders taugte, klammerte ich mich an einem Credo fest: Mach das, was du liebst – und du musst nie wieder einen Tag arbeiten.

Ich weiß nicht, was sich Konfuzius genau dabei gedacht hat, aber eines würde ich ihm gerne sagen, wenn er heute noch unter uns weilen würde: Zieh bitte in eine Stadt mit mehr als 250 000 Einwohnern und versuche, dort auch nur einen Monat deine Miete mit geistigen Ausscheidungen zu begleichen, die du weinend in deiner Jogginghose auf dem Sofa produziert hast.

Jedenfalls dachte ich damals, 2010, das wird schon alles mit dem Job. Dann. Also später, wenn ich endlich das mache, was ich liebe und mir meinen Rücken nicht mehr beim Zeit schindenden Aktenschichten auf der Leiter verdrehe.

Ich liebte das Schreiben, wie ich mit Käse überbackene Nachos mit Jalapeños liebte: heiß. Abgesehen von meiner Mutter glaubte niemand daran, dass ich jemals eine Redaktion von innen sehen würde. Kurz nach meiner Matura befand ich mich dennoch mit 20 anderen in der letzten Runde des Journalismus-Castings an einer der wenigen Fachhochschulen, die eine solche Ausbildung* in Österreich anboten. Und wurde abgelehnt.

Die Abfuhr traf mich wie eine Hass-Mention auf Twitter. Ich saß mit 17 anderen Internetsüchtigen in einem riesigen LAN-Raum, den das Hotelpersonal extra für die Scharen von Exschülern in Antalya auf Maturareise aufgebaut hatte, und blickte auf meine gerade erst begonnene und bereits verbaute Journalistinnen-Existenz.

Alles war sehr dramatisch und endgültig. Es gibt diesen Zeitraum, zwischen 14 und 19, in dem man felsenfest davon überzeugt ist, berühmt zu werden. Und schwups! ist man älter als Britney Spears bei ihrer ersten Singleauskopplung und hat noch nicht einen *einzigen* Text veröffentlicht.

Um meinen Traum zu verwirklichen und von dem zu leben, was mir «Spaß» macht, studierte ich also gegen den Willen meines Vaters («Eine richtige Scheißbranche ist das!») Publizistik und Politikwissenschaft. Aber was wusste ich schon, außer dass ich im besten Fall ausgerechnet zu der Berufsgruppe zählen würde, die die Gesellschaft geringschätzt und im Internet regelmäßig für auffassungsunfähige Vollidioten erklärt.

Ich hatte noch viele sorgenfreie Semester vor mir, bis ich über das Ausmaß der Misere nachdenken musste, in die ich mich mit jedem Tweet ein Stück schneller in Richtung Nervenzusammenbruch ritt. Das Studium war der ideale Buffer für Realitätsverweigerinnen wie mich, der zwischen Schule und Berufseinstieg ausnahmsweise tatsächlich genug Zeit zum Denken bot. Zu meiner Enttäuschung war ich nicht die Art von politischer Person, die sich gerne freiwillig donnerstagabends mit Polizis-

---

* Vergleichbar mit einem Volontariat in Deutschland.

ten über umgeworfene Müllereimer stritt. Stattdessen schrieb ich die Gedanken in meine Art des Tagebuchs: das Internet.

Wo es mir an journalistischen Referenzen fehlte, mangelte es mir nicht an Selbstbewusstsein. Lustig, oder?, dass der Peak des Selbstbewusstseins meist erreicht ist, bevor man *selbst* irgendetwas erreicht hat. Ich dachte, dass man mich schon als Praktikantin nehmen würde, wenn ich nur ein paar nette Fotos (hätte ich die Piercings rausnehmen sollen?) und zwei niemals publizierte Kolumnen anhängte.

Überraschung, dem war dann nicht so. Ich war furchtbar beleidigt. Wenn ich schon das gefunden hatte, was mir Spaß macht, konnte ich dann bitte auch davon leben?

Noch ekelte es mich vor der Vorstellung, mich vermarkten und für schlecht bezahlte Arbeit anbiedern zu müssen. Und doch beschlich mich eine halsabschnürende Furcht vor dem, was nach dem Abschluss meines Masters kommen würde. Was würde ich meiner Großmutter sagen? Ich war jung und brauchte die Likes.

Wenn schon niemand anders an mich glauben wollte, dann musste ich es eben selbst tun. Ich hatte keine berühmten oder reichen Eltern, keine Onkel oder Tanten, die mich schon vermittelt hätten.

An meinem 23. Geburtstag, im November 2014, nahm ich das Ding selbst in die Hand. In einer Nachtsession installierte ich meinen ersten Wordpress-Blog. Ich nannte ihn, nannte *mich* offiziell Groschenphilosophin. Ein knappes Jahr und über 150 Blogeinträge später verkaufte ich meine junge Schreiberseele an eines der größten Medienhäuser Deutschlands.

Von Tag eins an konnte ich endlich das machen, was ich immer wollte: schreiben – und gleichzeitig davon leben. Zumindest war das meine Annahme. Die ersten beiden Monate waren Adrenalin pur. Ich marschierte mit einem Lächeln in das Gebäude, als ob mir jemand einen Pulitzerpreis verliehen hätte, ohne zu bemerken, dass man mich nicht als Autorin, sondern als menschliche Klick- und Artikelschleuder eingekauft hatte.

Ich schrieb über MTV, Susan Sontag, Beyoncé, Internet-künstlerinnen und meine verletzten Gefühle, ohne dass es sich wie Arbeit anfühlte. Zumindest für diesen kurzen, luminösen Zeitraum, in dem ich tatsächlich dachte, mein Credo leben zu können.

Schon bald, es muss zwischen Monat drei und vier passiert sein, ging mir die Puste im 24/7-Nachrichtenrhythmus aus. Die tägliche Arbeit am Schreibtisch erinnerte mehr an einen Job am Fließband denn an einen kreativen Brotberuf: das Web checken, irgendetwas in einem Absatz «kurz abbilden», schau mal – ein lustiges Video, das später alle anderen ach so innovativen Seiten gemeinsam mit uns online hatten. Den Spielraum für aufwendigere Stücke mit Relevanz musste ich mir als Redakteurin selbst schaffen, «nebenbei» sozusagen, wenn der Kleinkram erledigt war.

Für Studentinnen wie mich, die das ganze Studium entmutigt wurden, weil niemand auf «uns warten würde», schien die lang ersehnte Festanstellung der Heilige Gral zu sein. Bis ich selbst dort landete und meine Kreativität nach ein paar Monaten vergebens in den Sofaecken der Full-Integrated-Newsrooms suchte. Ökonomischer Druck hatte unser aller Recherchezeit auf ein Minimum reduziert, Treffen in Cafés und ausgiebiges Kennenlernen von Protagonisten sind in vielen Verlagen zu Ausnahmen geworden. Mein Traum, von dem zu leben, was ich liebte, mutierte binnen eines halben Jahres zum Albtraum, in dem ich mich morgens im Spiegel selbst nicht wiedererkannte.

Am Ende des Tages blieb oft nichts anderes übrig als ein unbefriedigender Haufen nicht zu Ende gedachter Ideen. Ich produzierte pflichtbewusst und angstgetrieben Texte, mit denen ich mich im Nachhinein nicht identifizieren konnte. Journalismus schien mir auch nur ein Produkt im Kapitalismus. Da, wo er sich starken wirtschaftlichen Zwängen unterwirft, wird er sich selbst untreu.

Ich erkannte erst nach einiger Zeit, dass sich in dem Moment, in dem ich anfing, meine Stimme für Geld zu verkaufen, etwas geändert hatte. So etwas wie Denkpausen gab es nur noch mit sehr viel Selbstdisziplin. Ich war immer drinnen, im Weltgeschehen, in politischen Lagen, im Internet und den dort stattfindenden Debatten, Phänomenen und Kritiken – und hatte erste Symptome eines Burnouts.

Was hatte ich auch gedacht? Dass mich meine Kreativität auf magische Weise davon verschonen würde, jemals damit Geld verdienen zu müssen? Dass fünf Seiten lange literarische Essays über die Bedeutung von Jugendlagern die Menschen interessierten, deren Aufmerksamkeitsspanne sich wie mein Sehnerv Jahr für Jahr automatisch verkürzte?

Schreiben war kein nettes Liebhaberinnen-Nebenprojekt mehr. Es war meine ganze Existenz, die dranhing. Schreiben war alles, was ich hatte, und alles, was ich konnte.

Schreiben war nun nichts mehr, das ich machen wollte, es war etwas, das ich machen *musste*. Weil es Auftraggeber und Chefs gab, die auf die Abarbeitung meiner Themenvorschläge warteten. Und selbst wenn ich von einem Thema überzeugt war, hieß das nicht automatisch, dass ich auch noch Montag früh Lust darauf hatte. Und ja, es fühlte sich nach verdammt harter Arbeit an. Jeden gottverdammten Tag.

Es kam vor, dass ich aufwachte und alles lieber machen wollte, als zu schreiben. Es konnte sein, dass ich aufwachte und eine Blockade hatte, die mich dazu zwang, drei Monate nichts zu verfassen. Eigentlich. Aber ich konnte nicht, denn Polarisieren und Kritisieren waren jetzt mein Job.

Dabei war ich mir der Tatsache durchaus bewusst, dass niemand 500 Artikel pro Tag lesen kann, die trotzdem munter ohne Rücksicht auf überforderte Leser produziert werden. Dass die Antwort auf Ökonomie immer Ökonomie lautet, ist das Dilemma, in dem jede Sinnsuche und jede Selbstbefreiung in der digitalen Industriegesellschaft endet, schrieb ein kluger Autor kürzlich in der WELT[8]. Die Produktivität hat ein Rekordniveau erreicht, die Innovation schreitet schneller voran denn je – und gleichzeitig sinken das Medianeinkommen und die Zahl der Arbeitsplätze[9], weil sich einige wenige an der Spitze um die besten Aufträge zur Mehrwertschaffung prügeln.

Wie gerne hätte ich allen Kommentierenden erklärt, dass das tägliche Brot nicht aus metatheoretischen Abhandlungen über die Zweigeschlechtlichkeit in Bezug auf Judith Butlers letzten öffentlichen Vortrag besteht. Auch deshalb, weil zu wenige Leute Artikel darüber kaufen oder klicken. Ich hätte gerne öfter die Zeit gehabt, zu erklären, dass man als angestellte Journalistin nicht alleine darüber entscheidet, wie eine Headline klingt[10], dafür sehr wohl darüber, wie man klingt – und dass nicht Angela Merkel meine Artikel diktiert.

Oh, und noch etwas, bevor ich es vergesse: Von der eigenen Kreativität zu leben kann sich schon mal wie geistige Prostitution anfühlen. Man denkt sich: Das sind meine Gedanken, das ist meine Kunst, also entscheide ich, wie sie rezipiert wird. Aber das stimmt nicht. Sobald man sie hergibt, ist sie da. Draußen, und kann jederzeit von jedem gelesen, weitergetragen und verarbeitet werden.

Ich habe dann doch noch die Kurve gekriegt und rechtzeitig gekündigt, bevor ich für das, für was ich brannte, innerlich draufging. Selbstausbeutung ist nicht umsonst der kleine nette Bruder der Fremdausbeutung. Sie ist dabei viel effizienter als die Fremdausbeutung, weil sie mit dem Gefühl der Freiheit einhergeht.

Ich publiziere immer noch beruflich, aber ausgewählter – und definitiv weniger. Es ist immer noch das, was ich am liebsten tue, und doch habe ich meine Haltung dem Beruf gegenüber geändert und erkannt, dass Arbeit – egal, ob es sich dabei um kreative oder vermeintlich unkreative handelt – eben nicht nur Spaß bedeutet.

Dass alles auch einfach ein Job sein darf, den man zeitweise nicht liebt.

## Kannst du bitte dein MacBook mitbringen? (Nein)

«Erst wenig war benutzt worden vom neuen Jahrtausend. Der demokratische Kapitalismus existierte knappe drei Generationen, der weltweite Warenhandel war in den vergangenen fünfzig Jahren um das 29-Fache gestiegen, ein Wachstum war immer und zu jeder Zeit unbedingt notwendig, die Beschleunigung durch das Internet erfreulich, in Sekunden lassen sich Milliarden verschieben, die Finanzunternehmen mussten immer neue Fonds kreieren, um die Anlegefreudigkeit ihrer Kunden zu befriedigen, und die wissen, was sie wollen.
Mehr.»                                                       SIBYLLE BERG

**A**ls gut ausgebildeter Millennial, der willig und privilegiert genug ist, seinen Wohnort alle zwei Jahre aufgrund eines prekär bezahlten Jobs in einer mittelmäßig interessanten Industrie zu wechseln, sind mir die Anforderungen einer hippen «Irgendwas mit Projektmanagement»-Ausschreibung durchaus bekannt.

Meist soll ich möglichst relevante Arbeitserfahrung mitbringen – idealerweise in einem schnell wachsenden Start-up; bereit sein, in einem anspruchsvollen Arbeitsumfeld zu wachsen, in dem ich dafür wertgeschätzt werde, meinen Mund in den richtigen Momenten zu halten und trotzdem ständig weiterzulernen. Selbstverständlich bin ich davon überzeugt, dass «Learning by Doing» der richtige Ansatz zur persönlichen Weiterentwicklung ist, und freue mich, täglich neuen Herausforderungen mit einer «Hands on»-Mentalität gegenüberzutreten. Meine kommunikativen Fähigkeiten sind exzellent, und es fällt mir als aufgeschlossener Genossin leicht, Leute, mit denen ich spreche, für mich zu gewinnen. Gleichzeitig bin ich offen für eine kooperative Arbeitsweise mit viel Arbeitsverantwortung – von Tag eins an – und verliere meinen Blick fürs Wesentliche auch dann nicht, wenn meine To-do-Liste länger ist als mein Arbeitsalltag. Wow.

Die Anforderungen sind für mich inzwischen so wenig überraschend wie Promi-Verlobungen nach zwei Monaten und das vorausgesetzte Masterstudium, das man am besten im Alter von 24 Jahren mit Exzellenz bestanden haben sollte, bevor man auch nur daran denkt, seine durchschnittlichen Bewerbungsunterlagen online einzureichen.

Als ich Ende 2016 nach meinem kurzen Ausflug in den Journalismus meine Bewerbung an ein kleines, hippes «Wir sind alle eine Familie»-Unternehmen losschicke, mache ich mich auf vieles gefasst. Fragen danach, warum ich meinen letzten Job gekündigt habe. Besorgnis darüber, ob ich trotz meines Wiener Dialekts am Telefon Hochdeutsch sprechen kann (are you serious, Bro?). Fragen, ob ich plane, bald schwanger zu werden. Aber die im Bewerbungsgespräch gestellte Abschlussfrage, ob ich ein MacBook und eines der neuesten Smartphone-Modelle besäße, überstieg dann doch meine Vorstellungskraft.

Es mag ja sein, dass das ansonsten sicherlich total nachhaltig arbeitende Start-up gerade weniger finanzielle Mittel zur Verfügung hatte, um ausreichend Chia-Bowls für seine Mitarbeiter und gebrandete Fatboys für die Chillecken zu bestellen – aber seit wann ist es bitte schön üblich, nicht nur seine Seele an ein Unternehmen zu verkaufen, sondern auch sein ganzes Privatequipment als All-inclusive-Package gleich mit? Meine Mutter hat ihre Projekt-Abwicklungen 1990 schließlich auch nicht auf ihrer eigenen Schreibmaschine getippselt?

Wenn ich meine Denkkapazität in dosierter Form für unternehmensinterne Probleme und Aufgaben bereitstelle, erwarte ich zumindest, dass mir dafür ein ausreichend ausgestatteter Arbeitsplatz zur Verfügung gestellt wird, an dem ich Post-its an den unteren Bildschirmrand kleben kann, sooft ich das will, ohne dafür selbst zum Papierhandel laufen zu müssen.

Wo liegt der revolutionäre Gründeranspruch, wenn austauschbare Apple-Jüngerinnen zwar ihre eigenen Produktionsmittel besitzen, aber trotzdem nicht in adäquater Weise am Cashflow beteiligt werden? Während 1957 noch zwei Drittel des Einkommens eines Landes in die Löhne und Gehälter der Arbeitskräfte flossen und ein Drittel in die Taschen der Kapitalbesitzer wanderte – also in die Taschen von Aktionären und Eigentümern der Produktionsmittel –, ist es heute nur noch knapp über die Hälfte (58 Prozent) des Reichtums der Industrieländer, die in die Arbeitseinkommen fließt.[11]

Wo kommen wir hin, wenn in Zukunft nicht mehr nach Geschlecht, sondern nach Kapital diskriminiert wird? Wenn nur noch die eingeladen werden, die genug Geld zur Verfügung haben, um sich neben einem repräsentativen Aussehen auch die technischen Apparate und Programme zuzulegen, die für ihren Job erforderlich sind? Die, die genügend Zeit hatten, neben ihrem eigentlichen Fachgebiet auch noch ein glückliches Händchen für wahlweise Fotografie, Coding oder Blogging zu entwickeln? Zum Beispiel, weil sie ihr Studium nicht selbst finanzieren mussten.

Ich bin mit meinen Bedenken nicht alleine. Mein guter Freund, der Überlebenskünstler, beispielsweise ist Illustrator und ergatterte im April vergangenen Jahres seine lang ersehnte Festanstellung in einem Start-up für modernen Blumenhandel. Dort sollte er für die graphische Gestaltung der Social-Media-Kanäle, Visitenkarten, Flyer und Website zuständig sein. Der Haken an der ganzen Sache: Er besitzt einen Stand-Computer – natürlich zu Hause – und sollte sich für den Job einen Laptop zulegen, weil die Firma automatisch damit gerechnet hatte, dass er seinen eigenen Kram jeden Tag zur Arbeit, also auch mit in die Straßenbahn und U-Bahn schleppen würde. Ein Missverständnis, dass sich ab Woche eins auf seine Arbeitsqualität auswirkte.

Da er seinen Stand-Computer nicht mitnehmen konnte, musste er sich einen alten Laptop von einem Freund leihen, der allerdings weder Adobe Illustrator noch eine aktuelle Version von Photoshop installiert hatte. Jeden Tag schleppte er die alte Kiste inklusive Ladekabel, Smartphone und Smartphoneladekabel in die Büroräumlichkeiten, um dort halbgare Ergebnisse zu erzielen. Ein neuer Laptop wurde ihm in zwei bis drei Monaten in Aussicht gestellt. Also, wenn das Start-up dann noch existierte.

Aber damit war es noch nicht getan. Da Allrounder und Generalisten inzwischen beliebter sind als Spezialisten, durfte er auch Jobs übernehmen, für die eigentlich ausgebildete Fotografen und Stylisten zuständig wären. Das kam dem Start-up sehr gelegen, da es so weniger Personal bezahlen musste und er dort einsetzen konnte, wo es nötig war.

Dass er in seiner Freizeit auch fotografierte und einen halbwegs herzeigbaren Instagram-Account führte, machte die Sache noch schlimmer – denn er konnte nicht mehr so tun, als ob er nicht *theoretisch* dazu fähig wäre. Immer wieder erzählte er mir in dieser Zeit, wie er sich physisch und finanziell ausgebeutet fühlte. Da machte es auch keinen Unterschied mehr, dass das Unternehmen ein «dynamisches und hoch motiviertes Team» an seine Seite stellte und ihm die Chance gab, ein schnell wachsendes Unternehmen in einem innovativen Markt mitzugestalten.

Ständig musste er von seinen eigentlichen Aufgaben abrücken, um mal wieder ein paar Fotos für den Facebook-Auftritt zu schießen. Frei nach dem Motto: «Dauert ja nicht lange», und «außerdem kannst du das doch so gut». Das Ding ist: Nur weil jemand etwas kann, ist er dafür noch lange nicht angetreten. Inzwischen nutzte mein Freund den Laptop seines Freundes, seinen Stand-PC zu Hause für Nachbesserungen, sein Smartphone, das Fotobearbeitungsprogramm auf seinem Smartphone, seine DSLR-Kamera und sein Datenvolumen zum Transfer der Fotos im Sinne der Firma, ohne dafür entschädigt zu werden.

Dass sein Datenvolumen so schneller verbraucht war und seine privaten Computer mit Firmendaten voll geladen wurden, interessierte die Chefs wenig. Viel mehr waren sie der Ansicht, dass das eben dazugehöre, zu einem netten Job mit netten Kollegen. Dass man doch dafür andere Dinge hätte, die fein wären. Also, abgesehen vom mickrigen 1300-Euro-Nettogehalt im ersten Jahr, das gerade so für die Abdeckung der Lebenshaltungskosten und nicht für die Anschaffung weiterer Geräte für die Wohnung reichte.

Ich finde: Kein Arbeitgeber darf verlangen, dass seine potenziellen Mitarbeiter wohlhabend genug zur Welt kommen, um genügend Geld auf der Seite für tolles Equipment zu haben. Vor allem nicht dann, wenn wesentliche Fragen nicht geklärt sind: Wer ersetzt uns einen vorzeitig gealterten, viel genutzten Computer, sobald wir kündigen? Wer kauft uns ein neues Smartphone, wenn es im Dienst auf den Boden fällt und zersplittert?

Weit sind wir als vermeintlich faire «Wir haben uns alle so lieb»-Arbeitsgesellschaft nicht gekommen. Sobald wir es akzeptieren, dass uns Arbeitgeber statt technischen Ressourcen nett gemeinte Obstkörbe mit mehligen Äpfeln zur Verfügung stellen, ist es nicht mehr weit, bis andere Dystopien aus der Vergangenheit ihren Weg zurück in die Gegenwart finden.

Wie wäre es, wenn wir uns künftig wieder an den Arbeitsbedingungen der Fabrikarbeiter nach der industriellen Revolution in Manchester orientieren, und die 70-Stunden-Woche ohne Urlaub und Wochenende einführen?

Das wär doch eine revolutionäre Idee.

## Dein Arbeitsethos ist umsonst:
## Sei einfach so schlecht wie alle anderen

Meine gesamte Schulzeit über bin ich mit dem Gedanken aufgewacht, dass sich meine erbrachte Leistung irgendwann bezahlt machen würde. Die Hunderte von Stunden, die ich im Kinderzimmer über dem Unterschied zwischen einer Mitose und einer Meiose oder der Exponentialrechnung brütete, ohne zu wissen, wie dieses «irgendwann» konkret aussehen würde.

Egal, ob ich schlecht geschlafen hatte, mies gelaunt oder vom Stress des Erwachsenwerdens geläutert in der Küche meiner Eltern saß, auf eines wollte ich mich verlassen: dass sich all die Einser und Zweier in meinem Zeugnis positiv auf mein späteres Leben auswirken würden, dass sie tatsächlich zählen und mir zu einem Bewerbungsgespräch und einem anständigen Leben verhelfen könnten.

Meine Familie sah das genauso: Lerne brav, schreib deine Hausaufgaben nicht von anderen ab und du wirst dafür später mit einem guten Job und heute schon mit dem wohlwollenden Blick deiner Lehrerin belohnt. Meine Mutter hat sich nach der Arbeit noch extra den Arsch aufgerissen, um mich Spanischvokabeln abzufragen. Ihre Motivation ließ sich aus unerklärlichen Gründen leider nicht 1:1 auf meine übertragen.

Während ich also die Woche über nach dem Sportunterricht Gerundio und Subjuntivo lernte, dachten sich meine Klassenkollegen interessante Gestaltungsformen für Schummelzettel aus. Sie versteckten sie im Federpenal, unter der Sitzbank, im

Tintenpatronenpäckchen und machten ein Spiel daraus. Unsere Lehrerin sagte nie etwas. Nicht weil sie nichts ahnte. Sondern weil sie uns aufgegeben hatte.

Ich bekam Einser ohne Schummeln, meine Kollegen kamen mit einer Drei oder Vier ins nächste Semester. «Du lernst fürs Leben», sagte meine Mutter. «Nicht für die Schule.» Auch wenn die Aufmunterung gut gemeint war: Meine Spanischvokabeln habe ich bis heute nicht unter Beweis stellen müssen. Meine Fähigkeit, andere zu täuschen, durchaus.

Hätte es nicht einfach gereicht, durchschnittlich zu sein? Keine Einser, sondern Dreier nach Hause zu bringen? Als Bildungsaufsteigerin habe ich den inkorporierten Leistungsgedanken nie hinterfragt, sondern weitergearbeitet, als ob ich mich mit jedem glänzenden Testergebnis einem Ziel nähern würde, das aus einer weitestgehend unbekannten Zukunft bestand.

Später, in meinen ersten Jobs in der Medienbranche, wandte ich meine während der Schulzeit erlernte Praxis direkt auf das Arbeitsleben an. Ich war erst mal froh, überhaupt etwas gefunden zu haben, und blieb die ersten Monate jeden Tag zwei oder drei Stunden länger, um mich zu behaupten. Schließlich wollte ich nicht gleich zu Beginn mit schlechten Manieren punkten, indem ich pünktlich um 18 Uhr nach Hause ging. Statt um 17 Uhr den letzten Arbeitsschritt abzuschließen und mich geistig auf den Nachhauseweg vorzubereiten, fing ich noch zwei andere Projekte an. Damit ich ja nicht unbeschäftigt an meinem Schreibtisch saß und später dafür gekündigt wurde.

Mein Motto lautete: ständige Produktivität – und ich war damit nicht alleine. Die meisten neuen Kollegen rissen sich ebenso den Arsch auf wie ich. Die erste Hürde war die Probezeit, die zweite die Verlängerung des Einjahresvertrages, die dritte die endgültige Übernahme. Weiter traute sich ohnehin keiner zu denken. Wer nur Jahresverträge kennt, sieht keine Karriereleiter.

Drei Kaffeetassen pro Tag waren die Regel. Ich schüttete Energydrinks in mich hinein, bis mir schlecht davon wurde. Half alles nichts gegen die fehlende Konzentration. Niemand kann mir erzählen, dass er nach neun Stunden am Schreibtisch noch dazu fähig ist, geistige Höhenflüge zu vollbringen. Ich zumindest kann es nicht. Wenn ich mich dazu zwinge, Mehrarbeit über meine körperlichen oder psychischen Grenzen zu leisten, darf ich das Ergebnis am nächsten Tag zur Feier meines Durchhaltevermögens von Grund auf nachbessern.

Ich lieferte und lieferte und lieferte und merkte nicht, dass ich kontraproduktiv agierte. Nicht nur waren die Chefs überfordert von meinem Ehrgeiz, ich stellte auch mich selbst in Konkurrenz zu den anderen, indem wir uns mit der abgelieferten Arbeit gegenseitig übertreffen wollten. Wer hat mehr gemacht, wer hat am nächsten Tag die meisten Resultate vorzuweisen, wer hat einen Nerv getroffen? Ich wollte immer einen Nerv treffen, weil es das war, wozu ich angetreten war. Ich war nicht nur ambitioniert, sondern auch informiert, um das Beste – so sagt man doch – aus mir selbst herauszuholen wie aus einer bereits halb ausgepressten Orange.

Ich dachte, das muss doch wer bemerken. Das muss doch irgendjemand sehen. Die Fleißarbeit und meine Motivation, auch schwierige Themengebiete anzufassen und jeden Tag dazubleiben, in der Hoffnung auf Bestätigung und Anerkennung.

Ab und an kam ein pflichtbewusstes «Danke», als man meine Augenringe schon nicht mehr übersehen konnte, aber im Großen und Ganzen war es den meisten relativ egal, ob ich Arbeit nach Vorschrift verrichtete oder nicht. Die Mehrarbeit nach Schichtende blieb am Abgabetisch liegen und wurde später angefasst. Warum hatte ich mich noch gleich so angestrengt, wenn es im Endeffekt keinen Unterschied machen würde, ob ich tatsächlich etwas leistete oder einfach nur freundlich auf dem Bürostuhl saß und den Mindestaufwand verrichtete?

Heute würde ich denselben Eifer nicht mehr an den Tag legen. Schon alleine deshalb nicht, weil ihn nicht nur niemand wertschätzt, sondern auch, weil es ohne ihn geht. Nach dem ersten halben Jahr, in dem ich mich wunderte, wie es manche schafften, nach acht Stunden lächelnd das Büro zu verlassen, ohne zu Hause in einem Berg Arbeit zu versinken, wurde mir klar: Sie haben die 75-Prozent-Regel gelernt.

Die 75-Prozent-Regel ist die erste Vorschrift des täuschend echten deutschen Leistungsgedankens, die ein Unternehmen in konstantem Tempo zusammenhält. Jeder geht runter vom Gas, sodass mit 75 statt mit 100 km/h gearbeitet werden kann, ohne damit in der Masse aufzufallen. Orientieren kann man sich am schwächsten Glied in der Kette.

Menschen sind ja schon generell recht unterschiedlich, sodass all jene, die übertriebenen Anspruch oder besonderen Intellekt besitzen, nur schlechter wegkommen können als der Durchschnitt. Wieso schon vor 9 Uhr übertreiben, wenn die anderen noch bis 10 Uhr privat auf Instagram kommunizieren? Das schafft nicht nur Neid, sondern auch Produktivitätsdruck für die anderen. Warum eine gute Idee bringen, die in 9 von 10 Fällen in eigener Mehrarbeit und nicht in ohnehin nicht vorhandenen Boni mündet?

Wer als Arbeitgeber Fleiß und Ambition fordert, sollte diese auch entsprechend entlohnen und die ausführenden Mitarbeiter nicht auch noch mit der schlimmstmöglichen Strafe entmutigen: Ignoranz. Solange Dankbarkeit kein Terminus im Lean Management ist, sollte jeder Arbeitgeber einfach mal selbst hinterfragen, wenn er gerade nicht weiß, warum es so mäßig läuft mit der Mitarbeitermotivation.

Eine sinnvolle Maßnahme gegen die zeitschindende Anwendung der 75-Prozent-Regel wäre, dieses revolutionäre Unding namens Homeoffice zu erlauben und den Angestellten ein wenig Vertrauen vorzuschießen, sofern der Job dafür geeignet ist.

Denn ob man es glaubt oder nicht: Mitarbeiter machen nicht Homeoffice, um nasebohrend auf der Couch zu sitzen, Sherlock zu schauen und Pizza zu bestellen, sondern sparen dadurch bis zu drei gottverdammte, in der *Bild*-Zeitung blätternde und auf Facebook versurfte Stunden Zeit für die jobbedingte Hin- und Rückreise.

Sie können Feierabend machen, sobald sie wirklich fertig sind. Wer effizient arbeitet, soll dafür belohnt statt an den Schreibtisch gefesselt werden. Wie kann hier jemand etwas dagegen haben? Unternehmen, die strikt gegen Homeoffice sind, weil es «dann ja auch alle anderen in Anspruch nehmen könnten», behandeln ihre Angestellten wie Kinder und wundern sich hinterher, wenn sich diese wie welche verhalten.

Vielleicht war die 40-Stunden-Woche ja genau deshalb eingeführt worden. Als schlecht durchdachtes Beschäftigungsprogramm für unmündige Erwachsene.

## Eine 40-Stunden-Woche ist nichts weiter als Menschenquälerei

> «Wie viele Menschen in eurem Umfeld kennt ihr, die jeden Tag mit Freude aufstehen, mit einem Lächeln im Gesicht, weil ein mit Freude, Chancen, Selbstverwirklichung und guter Bezahlung erfüllter Arbeitstag losgeht? Wahrscheinlich niemanden.»
>
> **JELENA GUČANIN**

Wir werden eine Regierung sein, die Entscheidungen trifft», sagt der österreichische Bundeskanzler und ÖVP-Chef Sebastian Kurz an einem heißen Mittwoch im Juni 2018 nach der Verhandlungsrunde der Koalitionspartner. Eine Regierung, in der die Zahl der überarbeiteten, kranken und unzufriedenen Menschen steigen wird, sobald der 12-Stunden-Tag eingeführt und die wöchentliche Höchstarbeitszeit tatsächlich von 50 auf 60 Stunden angehoben wird. Sage ich.

Eine Regierung in einem gefährlich konservativen Schnitzelland, in dem die meisten Menschen bei einer 40-Stunden-Woche ohnehin schon mehr als 8 Stunden täglich arbeiten, weil Gesetz nicht gleich Praxis ist. «Aber 12-Stunden-Tage sind in manchen Branchen doch ohnehin schon gang und gäbe!», sagen die Kritiker und vergessen dabei, dass bei der Einführung einer neuen Regelung nun eben 14 statt 12 Stunden gearbeitet werden muss.

Dabei weiß jeder, der schon einmal einen Arbeitsvertrag mit einer Wochenarbeitszeit von 38,5 bis 40 Stunden unterschrieben hat, wie so eine Woche in der Regel aussieht – und wie viel

Aufmerksamkeit für diese scheinbare Extrawurst namens Leben bleibt.

Das Schlimmste, was uns nach der Schule oder dem Studium widerfährt, ist nicht der Kredit, den wir abbezahlen, oder die Trennung von der Langzeitbeziehung. Es ist die Diagnose: 40 Jahre Erwerbsarbeit, täglich verabreicht in Form von lähmenden Dosen, die politisch mit der utopischen Annahme gerechtfertigt werden, dass wir arbeiten, weil es uns erfüllt.

Von da an heißt es: jeden Tag dasselbe Gebäude um die gleiche Uhrzeit mit dem gleichen lieblos belegten Brötchen in der Tasche betreten, um Arbeit für andere zu verrichten, die schon in naher Zukunft für ein frühzeitiges Absterben der Synapsen sorgt.

Um den Schwindel nicht schon vor der Probezeit auffliegen zu lassen, geben sich die meisten Arbeitgeber – zumindest im Kultursektor – in der Gestaltung Mühe, indem sie das Ausmaß menschlicher Kälte im Großraumbüro mit einem schweren Parfüm erwarteter Dankbarkeit übertünchen. Mit Bällebädern oder Tischtennisplatten ausgestattet, dachten die Einrichter tatsächlich, die angenehm warme Temperatur einer Wohlfühloase zu imitieren, die in den meisten Fällen – der Hollywoodschaukel zum Trotz – gegen null Grad tendiert.

*Kein* Mensch kann mir erzählen, dass er morgens gerne um 8 Uhr aufsteht, um seinen Tag mit fremden Menschen zu verbringen und Excel-Tabellen zu analysieren. E-Mails, Newsletter, Auftragsbearbeitung – Tätigkeiten, die in vielen Betrieben vor allem aus einem Grund ausgeführt werden: um sie auf einer To-do-Liste abzuhaken und Zeit zu schinden. 40 Stunden arbeiten ist wie unter einer Klarsichtfolie leben und zwischendurch ein kleines Loch reinschneiden, um Sonne zu riechen.

Mit den Chefs ist man so lange dicke, bis man aufgrund eines kritischen Wortbeitrags im Morgenmeeting gegangen wurde. Bis es so weit ist, fungieren gelegentliche Garküchenmomente als Betriebsklima fördernde Bonding-Situationen und werden mit wiederaufgelegten Polaroid-Kameras an der Pinnwand in der hintersten Ecke des Raumes («Work hard, play hard») festgehalten. Als Erinnerung an die 250 anderen, nicht ganz so lustigen Tage im Jahr, an denen man gemeinsam keinen Spaß, sondern Stress hatte.

Wer solche Wochen verlebt, kann sich oft nicht mehr an seine Wochenenden erinnern, weil sie im Grunde aus zwei Dingen bestehen: Putzen und dem Lebensmitteleinkauf bei Lidl. Weil irgendwer muss ja den ganzen Fraß auch kaufen, der Dienstagabend zu einer Portion Lasagne mit zu wenig Käse verwurstet wird. Und Zeit, zur Arbeiterkammer* zu gehen und sich darüber zu beschweren, bleibt bei einer vollgepackten Woche auch nicht. 2:0 für den Kapitalismus.

Die fortschrittliche Spezies Mensch lässt Zähne in 3-D-Druckern anfertigen, aber flexible Arbeitszeiten sollen nicht möglich sein? Wir leben bald im Jahr 2020 – und trotzdem ist die 40-Stunden-Woche noch immer nicht aus unserem Alltag verschwunden, ganz im Gegenteil sogar, wenn man nach Österreich blickt. Als ob irgendjemand tatsächlich 9 bis 11 Stunden vor dem Computer oder hinter der Theke produktiv wäre und nicht irgendwann auf WhatsApp, Instagram oder Nachrichtenseiten wechseln würde, um sich abzulenken. Woher sonst kommen all die Hass-Kommentare?

Die Autorin Sara Robinson[12] fand während ihrer Recherchen heraus, dass eine Person, die in ihrer Tätigkeit unentwegt ihre kreativen Fähigkeiten nutzen muss, im Durchschnitt höchstens sechs Stunden am Tag produktiv sein kann.

Warum bleiben wir trotzdem dabei? Weil wir uns den eigenen Lebensstandard sonst nicht leisten können. So wunderbar es wäre, mehr freie Zeit zu haben, sie ist aktuell einfach zu teuer.

* Österreichische Interessensvertretung für Arbeitnehmerinnenrechte

Obwohl sich Menschen rund um den Erdball nach einer kürzeren Arbeitswoche sehnen*, muss die Arbeitszeitverkürzung erst als politisches Ideal formuliert werden, um vom Individuum in Anspruch genommen werden zu können. Bis es so weit ist, kann der Einzelne nicht einfach selbst entscheiden, weniger zu arbeiten. Wer das tut, riskiert einen schlechteren sozialen Status, schmälert seine Aufstiegsmöglichkeiten und kann im schlimmsten Fall seine Arbeit verlieren.

Ich sage: Wer scheinheilig von der Vereinbarkeit von Karriere und Familie spricht, sollte zuerst über die Vereinbarkeit von Karriere und Kontaktlinsenabholung sprechen, wenn alle Optiker im Umkreis von sieben Kilometern um 18.30 Uhr zumachen. Die Vereinbarkeit von Karriere und Küche, wenn man keinen Geschirrspüler besitzt. Die Vereinbarkeit von Karriere und dem Witz von Privatleben, das nach dem ersten halben Jahr übrig geblieben ist.

Von fünf Abenden, die unter der Woche theoretisch frei bleiben, fallen drei alleine schon deshalb weg, weil wir uns von den psychischen Folgen der Arbeitsbedingungen erholen müssen, um am Freitagabend nicht weinend zusammenzubrechen.

Wie zur Hölle kann das die Arbeitswelt sein, die die österreichische Regierung verteidigt, als ob sie deren Konsequenzen für ihr eigenes Leben nicht am eigenen Leib erfahren hätte. Ist es der Neid, dass es auch mal anders sein könnte für spätere Generationen? Dass wir uns eventuell nicht um jeden Preis ruinieren und ab der Altersobergrenze von 50 Jahren täglich auf die Pen-

---

* Amerikanische Forscher fragten Beschäftigte, ob ihnen zwei zusätzliche Wochengehälter oder zwei zusätzliche Urlaubswochen lieber wären. Die Zahl der Befragten, die sich für die zusätzliche Freizeit entschieden, war doppelt so hoch wie die Zahl derer, die ein höheres Einkommen vorzogen. Als britische Forscher Beschäftigte fragten, ob sie einen Lottogewinn oder eine kürzere Arbeitswoche vorziehen würden, wählten ebenfalls doppelt so viele Befragte die zweite Option (Bregman, 2017: 148–149)

sion hoffen wollen, in der wir uns die Jahrzehnte bis zum Tod im Halbjahresrhythmus mit Kreuzfahrten und Safaris in Afrika vertreiben werden?

Oder um es abschließend mit den Worten der klugen Jelena Gučanin zu sagen: «Es soll sogar Menschen geben, die arbeiten gehen, um über die Runden zu kommen. Die sich in die Krankheit arbeiten, um ihren Job zu behalten. Und auch jene, die nicht arbeiten, weil es zu wenige Jobs gibt. Und alle von ihnen haben ein Leben, ein soziales Umfeld, private Verpflichtungen, Hobbys und, man stelle sich vor: auch den Wunsch, mehr Freizeit zu haben.

Also bitte verwechselt hier nichts: Arbeitszeit wird verlängert. Arbeiterinnenrechte werden beschnitten. Get your facts straight. And organize.»

Es gibt keine Zeit mehr zum Warten.

## «Eine Karriere wacht nie morgens auf und sagt, dass sie dich nicht liebt» – und ob!

> «Wenn du Deutsche fragst, warum hast du keine Kinder, sagen die: Ich will erst mal Karriere machen. Was für Karriere, frag ich: Du sitzt zu Hause vorm Laptop, keine Ahnung, was du machst. Und deswegen willst du keine Kinder? Die haben einfach keine Eier.»
>
> **KIDA RAMADAN**

**W**enn es einen Spruch gibt, der mich in seiner Sinnlosigkeit zumindest genauso traumatisiert wie «Wähle einen Beruf, den du liebst, und du brauchst keinen Tag in deinem Leben mehr zu arbeiten», dann ist es folgender:

> «Some women choose to follow men, and some women choose to follow their dreams. If you're wondering which way to go, remember that your career will never wake up and tell you that it doesn't love you anymore.»

Meine Freundinnen und ich, allesamt musikalisch eher unbegabte Zeitgenossinnen, bislang ohne internationalen Durchbruch, sind mit diesem Lady-Gaga-Zitat erwachsen geworden. Es passte irgendwie immer. Bei Liebeskummer («Wird schon!»), bei Lernstress («Wird schon!»), als Glückwunschkarte zu bestandenen Aufnahmeprüfungen («Ist schon!») auf fragwürdigen Akademien.

Es passte so lange, bis meine Freundinnen und ich erwachsen wurden und nach einigen Jahren in mehr oder minder festen

Jobpositionen feststellten: Hoppla! Diese Karriere™, von der immer alle gesprochen haben, ist jetzt auch nicht unbedingt die Treue in Person. Wenn wir ganz ehrlich sind.

Noch bevor ich selbst ins Haifischbecken Berufsleben gespült wurde, konnte ich das bei meinem alten Schulfreund beobachten. Der Überflieger war superlustig, ein interessanter Gesprächspartner – und immer für das eine Bier zu viel zu haben, das wir uns nachts um vier am Schwedenplatz teilten, bevor wir anderthalb Stunden mit dem N25 nach Hause gondelten.

Wir wuchsen nebeneinander auf, gingen zur selben Schule, ärgerten uns über dieselben Lehrer und hatten eine Vorliebe für Kümmelbratensemmeln beim Spar. Er war vier Jahre älter als ich und mein nicht ganz geheimes Vorbild.

Stets war er mir einen Schritt voraus und schien seinen Weg ohne gröbere Probleme zu meistern. Zuerst arbeitete er fest angestellt in einer renommierten Wiener Werbeagentur und heimste einen Preis nach dem anderen ein, bis er sich selbständig machte und schließlich mit drei anderen Kollegen ein Start-up in München aufzog, das seinen Sitz heute in San Francisco hat.

Ungefähr ab da fing es an, mit uns den Bach runterzugehen.

Herr Überflieger war immer seltener zu Hause – schließlich pendelte er zwischen drei Städten hin und her und hatte zwei Handys und SIM-Karten, um für seine Kunden erreichbar zu sein. Ich lernte durch ihn, was es bedeutete, bereits mit Mitte zwanzig Verantwortung für ein Unternehmen zu haben und nicht nur Mitarbeiter zu führen, sondern diese auch bei «schlechter Performance» zu kündigen und nebenbei einen Customer Support in drei Zeitzonen aufrechtzuerhalten.

Statt spontan auf einen Kakao vorbeizukommen, schickte er mir ein Google-Ereignis für einen Termin in siebeneinhalb Wochen. Zeitfenster: achtzig Minuten. Ich fand das alles ein bisschen lächerlich, diese geblockten Quadrate für Freunde. Pink für Bianca, Blau für Arbeit. Für mich war der Überflieger doch immer noch derselbe Mensch, und nicht jemand, der von der internationalen Presse als erfolgreichster Gründer Österreichs gefeiert wurde. Immer wieder sah ich sein Gesicht im Wirtschaftsteil der Presse. Fotos, auf denen er lässig an einer Ziegelwand lehnte. Ein seltsames Gefühl. Und dennoch freute ich mich – so ein Talent! Endlich wird er für das anerkannt, was er all die Jahre geleistet hat.

War es nicht das, was wir alle nach der Schule anstrebten, nach den Prüfungen in Mathe, Betriebswirtschaft und Politik? Wenn schon nicht gleich Lady Gaga, dann ein bisschen so wie der Überflieger werden? Die eigene Brillanz in Form einer Pressemitteilung an unsere Freunde und Feinde ausgespielt zu sehen. Neben dem eigenen Ego das der stolzen Eltern gleich mit zu befriedigen? Der erfolgreiche berufliche Aufstieg als ultimativer Beweis, als neues Lebensereignis auf Facebook, als Eintrag in LinkedIn, «es» geschafft zu haben.

Nur: was eigentlich?

*On paper* hatte er wahrlich einiges geschafft, mein lieber Freund. Allen voran, sein Privatleben verschrumpeln zu lassen wie eine Tomate im Gemüsefach. An einem Montagabend vor drei Jahren war ich zum Abendessen eingeladen. Er vergaß unsere Verabredung. Kein Problem, dachte ich, jetzt, wo ich schon da bin, lass uns eben was bestellen. Als er nach dreißig Minuten einen wichtigen «Call» hereinbekam und mich wieder nach Hause schickte, war das Fass an einer Felsklippe zersprungen und in seine Einzelteile zerfetzt worden.

Dreißig Minuten hatte ich nach mehrmonatiger Funkstille bekommen, um «Hallo» zu meinem Freund zu sagen und mir sein Geraunze über die Firma anzuhören, noch bevor ich auch nur einen Satz über meine *eigenen* Pläne für die Zukunft sagen durfte. Er «müsse da rangehen», versicherte er mir mit nervös wippenden Fingern, es sei «dennoch schön gewesen», mich zumindest kurz zu sehen.

Seine Karriere überschattete alles. Seine Gutmütigkeit, seine Aufmerksamkeitsspanne. Ging es nicht um seine Firma, ging es um nichts. Zugehört hatte er mir schon lange nicht, auch nicht, als ich das Problem ansprach.

Zu Hause dachte ich noch lange darüber nach, was in den letzten Jahren passiert war. Die Wahrheit ist doch: Deine Karriere liebt dich nur, solange du sie wie eine Schlange mit ausreichend Mäusen fütterst – und dabei ist es egal, ob es sich bei den Mäusen um deine Freunde, deine Beziehung, deine Familie, deine Hobbys oder deinen 20-Minuten-Spaziergang in Schönbrunn nach Feierabend handelt. Was passiert, sobald der Überflieger aufhört, jeden Tag über seine Limits zu arbeiten? Was passiert, wenn er aufhört, Interviews zu geben? Kundenerwartungen zu erfüllen, Präsentationen zum aktuellen Stand der Firma zu verfassen und auf allen Kanälen zu streuen, die er verwaltet? Was bleibt dann von ihm für ihn übrig?

Es ist eine Utopie zu glauben, dass deine Karriere «niemals eines Tages aufwacht und dir sagt, dass sie dich nicht mehr liebt». Eine Karriere kann weder aufwachen noch lieben, weil sie ein von uns geschaffenes Monstrum ist, das als Ersatzliebe herhalten muss, um diesem Leben irgendeinen Sinn zu geben. Deine Karriere kann sehr wohl auf dich verzichten und sich aus deinem Leben schleichen, noch bevor du es bemerkst. Und was passiert, wenn *ich* aufhöre, meine Karriere zu lieben? Wenn ich merke, dass sie mir nicht guttut? Was, wenn die Trennung von *mir* ausgeht?

Eine erfolgreiche™ Karriere ist zur Ersatzdroge des Mittelschichtnachwuchses geworden. Sie soll uns abends das Lächeln auf die Lippen zaubern, während wir das Gulasch in der Mikrowelle aufwärmen und die restlichen E-Mails im Schneidersitz auf der Couch beantworten. What a life. Klar kann es Spaß machen, an sich und seinen Fähigkeiten zu arbeiten und neue Lösungswege für Probleme zu finden – sofern der Ehrgeiz seine

Beteiligten nicht an den Rand des Burnouts lockt. Es gibt übrigens keine rote Linie, die aufblinkt, wenn es so weit ist.

Jedes Jahr wieder, wenn ich die Rückblicke diverser «Karrieremenschen» meines Umfelds ansehe, frage ich mich: Ist es nicht ganz schön heuchlerisch, einerseits «mehr Zeit mit der Familie»[13] verbringen zu wollen und «das Handy öfter auszulassen», gleichzeitig aber wie eine Verrückte am ersten Weihnachtstag wieder vor dem Rechner zu sitzen und Tipps fürs neue Jahr als Unternehmerin zu posten?

So, als ob die Follower wegrennen würden, wenn das Rauschen eine Woche ausbleibt. Es braucht keine hellseherischen Fähigkeiten, um zu erkennen, dass diese Rechnung nicht zugunsten des Individuums aufgehen wird, das sich jede Woche selbst überbietet. Von Deutschland bis Japan stagnieren die Einkommen in den meisten Berufen seit Jahren, obwohl die Produktivität wächst. Das hat vor allem mit Folgendem zu tun: Das Angebot an Arbeitskräften steigt ständig und zwingt die Menschen in einen direkten Wettbewerb mit Milliarden Arbeitskräften in aller Welt. Je näher unsere globalisierte Welt zusammenrückt, desto kleiner wird die Zahl der Gewinner.[14]

Es ist leicht und vielleicht sogar sympathisch, so zu tun, als ob man als viel gefragte Person keine Lust auf eine Karriere™ und Bestätigung von außen hätte. Frei nach dem Motto: Was soll all der Stress? Aber den Wunsch nach mehr Freiheit und weniger Erreichbarkeit und Druck umzusetzen, das trauen sich dann doch die wenigsten. Zu groß ist die Angst, als Mensch in Vergessenheit zu geraten, wenn wir nicht jedes Detail unserer beruflichen Erfolge nach außen tragen und uns öffentlich von den Menschen feiern lassen, die uns am wenigsten kennen.

Auch meine Erfahrungen mit dieser sogenannten Karriere waren eher gemischter Natur. Ausgerechnet die Zeiten, die mich am meisten mit mir haben hadern lassen, konnten nach außen hin mit tollen Fotos von Events, Blogbeiträgen und Social-Media-Postings verschleiert werden. Schließlich war ich beschäftigt, und das den ganzen Tag. Wer kann daran schon etwas kritisieren?

Ich schrieb 25 Artikel pro Monat, pendelte zwischen Hamburg und Berlin, besuchte dazwischen eine Konferenz, von der ich nonstop twittern wollte, und hatte gerade angefangen, einen Podcast aufzunehmen. In guten Momenten fühlte sich das alles sehr richtig an, weil ich wenig Zeit hatte, darüber nachzudenken. Und ja, es gab Momente, in denen ich mir selbst auf die Schulter klopfte und mich für meine eigene Großartigkeit feierte. In denen ich dachte: Das ist es jetzt. Jetzt kommt die Anerkennung, auf die ich so lange gewartet habe – von Brancheninsidern und Kollegen.

Im Endeffekt passierte: relativ wenig. Die Menschen um mich herum hatten genug eigene Probleme, genug eigene Projekte, um sich nicht von dem beeindrucken zu lassen, was ich vorhatte. Immerzu sind wir angehalten, uns ablenken zu lassen, immer werden wir weiter dazu aufgefordert, zu kommentieren, zu bewerten, zu liken. Schließlich war selbst die Anerkennung, die ich bekam, nie genug – denn sie kam von außen. Immer wollte ich mehr haben, von den Sternchen und Herzen, die sich wie bares Geld in meiner Hosentasche anfühlten. Nur, dass ich mir nichts davon kaufen konnte.

Ich habe mich von mir selbst blenden lassen, indem ich dachte, dass es reicht zu arbeiten und dass der Rest im Leben schon von selbst kommen würde. Die Open-Airs, die ich nicht kenne, oder die neuen Freundinnen in Berlin. Irgendwann habe ich für mich erkannt: «Die Karriere» ist, knapp gefolgt vom Weihnachtsmann, die erfolgreichste Lügengeschichte unserer Zeit. Und wir können nur gewinnen, wenn alle anderen verlieren. Karriere heißt, sich ständig damit beschäftigen zu müssen, wo man in der Hierarchie eines Unternehmens steht, als ob es langfristig einen Unterschied im eigenen Glücksempfinden machen würde.

Inzwischen glaube ich, dass eine Karriere genauso ist wie ein normaler Job, nur beschissener, weil der Karrieremensch doppelt Verantwortung trägt, nicht einfach mal zwei Stunden nichts machen kann (siehe 75-Prozent-Regel) und spät nach Hause geht. Es redet nur keiner darüber. Den Vorteil von Prestige und die Freiheit der Selbständigkeit bezahlen Menschen wie der Überflieger mit einem anderen Preis. Oder wie die amerikanische Komikerin und Autorin Amy Poehler in ihrem Buch «Yes Please» schreibt:

> «Your career won't take care of you. (...) Your career will openly flirt with other people while you're around. (...) Career is something that fools you into thinking that you are in control and then takes pleasure in reminding you that you aren't.»

Wir haben keine vollständige Kontrolle – weder über unser Privat- noch über unser Liebesleben, noch über unsere Karriere. Warum tun wir weiterhin verzweifelt so, als ob?

Ich bin sicher, dass Lady Gaga ihr steiles Karriere-Zitat heute so nicht mehr bringen würde. Schließlich sieht man sie in ihrer Netflix-Doku «Five Foot Two» so offen wie nie an den Hürden der Show-Branche verzweifeln. An Kritikern, an den vielen Nächten, die sie trotz Millioneneinkommen alleine verbringen musste, weil am Ende nicht genügend Zeit blieb für die wirklich wichtigen Dinge.

Ich sage: Solange eine Karriere an Indikatoren wie Konkurrenzfähigkeit, Medienpräsenz und hohem Blutdruck gemessen wird, mache ich lieber meine eigene Light-Variante draus. So wie Coca-Cola ohne Zucker. Ich mache so viel, dass es meiner psychischen Gesundheit nicht schadet, und achte darauf, mich meinen Freunden gegenüber nicht wie ein selbstbezogenes Arschloch zu verhalten.

Bis ich eine bessere Lösung für den Balanceakt zwischen

Selbstausbeutung und kultureller Bedeutungslosigkeit gefunden habe, werde ich mich erst mal diesen anderen Dingen
widmen. Dem Lackieren meiner Zehennägel zum Beispiel. Die
gehören nämlich wirklich nur mir.

## Nein, ich möchte mich heute nicht über deinen Tag unterhalten

«Fast alle hätten, krud und bildlich gesprochen, die Hosen voll, und so wie die wirkliche Inkontinenz der Scham und dem Schweigen anheimfalle, so blieben die Versagensängste unterm Deckel.»

**MARKUS WERNER**

Wenn ich als Kind in meinem eigenen Zuhause weggeschickt wurde, um mit «meinen Freunden» im Kinderzimmer zu spielen – ergo dem zufälligerweise gleichaltrigen und unaufgefordert neben mir platzierten Nachwuchs unseres Besuchs –, lag es vor allem daran, dass die Erwachsenen endlich mal über die wirklich wichtigen Dinge im Leben sprechen wollten: Aktionstage für Tupperware – und ihre Arbeit.

Ich bekam Lego und Tobias. Die Volljährigen russische Eier mit Lachs. Im Nachhinein scheint es fast, als ob meine Eltern diverse Kaffeekränzchen und Spielnachmittage nur arrangiert hätten, um sich einen sicheren, kinderfreien Ort zu schaffen und dort gemeinsam hinter verschlossenen Türen loszujammern.

Und zugegeben: Die Arbeit eignete sich als Thema für Pärchenabende besser als der Dauerbrenner Ehe. Spätestens ab 19 Uhr war mein Vater mit dem Mann meiner Mutterfreundin im Keller verschwunden. Ich habe bis heute nicht herausgefunden, was sie mir damit sagen wollten. Vermutlich war jede Menge Schnaps in ihr Treiben involviert. Was ich sehr wohl lernte, war, dass Abende unter Erwachsenen irgendwie mit diesen beiden Dingen in Verbindung standen: Hochprozentigem und Gesuder*.

Einen solchen «Erwachsenenabend» erlebte ich während meines ersten Vollzeitjobs dann selbst jeden Tag. Mein Leben bestand von nun an daraus, dieses Ding namens «Haushalt» in meine zehnstündige Abwesenheit von zu Hause zu integrieren. Die Wäsche machte ich dann meist doch lieber sonntags um 23 Uhr statt samstags um 10 Uhr. Kann ja keiner wissen, dass das so lange dauert. Während andere beim Aufhängen entspannen, hätte ich mich manchmal gerne gleich mit selbst drangehängt.

Ich musste so viel lernen. Welche Wecker in welchem Abstand reichen zum Beispiel, um tatsächlich zur geplanten Uhrzeit aufzuwachen. Ruhig zu bleiben in Konferenzen, in denen seit 50 Minuten über ein Thema gesprochen wird, nur um es am Ende doch «aus Mangel an Kapazitäten» abzublasen.

Ich musste schwierige Personalgespräche führen («Also, das, was du letztens auf deinem Blog gepostet hast, Bianca»), die Probezeit bestehen (6 Monate – es muss sich um einen Scherz handeln), das Kommunikationsverhalten meiner Chefs analysieren und richtig deuten können, versteckte Botschaften in Slack entschlüsseln und meine Channels nach relevanten Informationen (Mittagsangebote im Umkreis von zwei Kilometern) durchforsten, nachdenken, was ich abends kochen könnte (Spinatlasagne, wenn's darauf ankommt) und wann ich mal wieder Zeit für Sport finden würde (niemals).

Plötzlich war ich selbst die, die sich abends mit Freunden traf, um mit ihnen bei Gin Tonic und Zigarette über den Ort zu sprechen, der uns tagsüber voneinander trennte.

Plötzlich Frau Überflieger.

Es ging um die Themen, die Menschen über 25 am meisten interessieren – und nein, leider handelt es sich dabei nicht um

---

* Österreichisch für ausufernde Beschwerden.

Sex. Stattdessen auf der Agenda: die schlaue Planung von Brückentagen, Ferien bei den Eltern in Brandenburg («endlich mal richtig ausspannen!») und – mein persönliches Hassthema – bevorstehende Kündigungen.

Ich kann mich noch gut an einen Abend mit meiner Studienfreundin, der Kaiserin, erinnern, in der sie mir zum hundertsten Mal erklärte, dass sie jetzt «wirklich bald kündigen» würde. Dass sie sich nicht noch einmal die Urlaubsvertretung würde aufhalsen lassen, nicht noch einmal zur Einschulung der Neuen einspringen und nicht noch ein weiteres Jahr ihres Lebens in einer Firma verbringen würde, die sie gedanklich noch vor dem ersten Schluck Kaffee in einen nervenzusammenbruchähnlichen Zustand führte.

Nicht dass wir uns hier falsch verstehen: Selbst war ich nicht weniger von meinen fortan angeblich «unbegrenzten Möglichkeiten» als Absolventin einer Durchschnittsuniversität überfordert. Während ich an einem Stück Lasagne kaute, sezierte ich meinen Alltag und sprengte nicht nur ein Mal die Grenzen des gesellschaftlich Zumutbaren.

Denn niemanden außer mir interessierte, wer was wann über wen gesagt, warum diese oder jene Präsentation dem Kunden nicht gefallen hatte. Ich fühlte mich wie die Person mit Spinat in den Zähnen, der es erst auffällt, wenn sie zu Hause im Flur steht. Obwohl sich mein Leben als Berufsanfängerin ohnehin zu 90 Prozent um die Arbeit drehte, ließ ich keine Gelegenheit aus, um über deren Negativa zu sprechen, statt mich auf das Hier und Jetzt und die zunehmend gähnenden Augen meines Gegenübers zu konzentrieren.

Die Leidenschaft, mit der ich über den Ort sprach, den ich ja angeblich so ungern besuchte, glich einer Obsession, mit der sich andere einem Hobby widmen. Weiß Gott, was ich alles hätte lernen können. Fallschirmspringen, Italienisch oder Hamsterzüchten. Stattdessen beobachtete ich wie ein Adler den Feed auf meinem Handy, der mir zwar nicht sagte, warum mein Chef das Posting von Kollegin XY auf Facebook geliked, aber meines ignoriert hatte, aber schwarz auf blau vermittelte, dass dem so war.

Ich glaube, dass es mir auf eine ungesunde Weise Spaß brachte, *nicht* loszulassen. Immer wieder Situationen durchzukauen, die mir Magenweh statt Lösungen brachten. Ich saugte mich wie ein Blutegel an den überbewerteten Problemen fest, die sich mit einer ausgetüftelten Taktik Satz für Satz in meinem Gedächtnis zementierten und dort zu einem zähen Stück Beton verkamen.

Über «die Arbeit» zu sprechen war dem Gefühl von Lästern nicht unähnlich. Ich lästerte, um mich zu erleichtern – oder habe zumindest lange angenommen, dass es mich erleichtern würde, nur lange und ausführlich über das zu sprechen, was mich aufregt. Am Ende solcher Tage musste ich feststellen, dass es relativ wenig Erleichterung bringt, sich gedanklich auch noch in seiner Freizeit mit den Personen auseinanderzusetzen, auf die man schon tagsüber keine Lust hat.

Mit meinem besten Freund trieb ich es auf die Spitze. Wir waren Meister darin, uns an den schönsten Plätzen Hamburgs zu verabreden, um die Ungerechtigkeiten des Tages im Nachrichtenformat zu präsentieren. Willkommen bei der Twenty-Something-Tagesschau.

Ich muss schon zugeben: Er hatte einen Chef, der weder seine Arbeit respektierte noch seine Entscheidungen akzeptierte. Ständig musste sich mein Freund rechtfertigen, nur um am Ende doch wieder wie ein kleines Kind in seine Schranken gewiesen zu werden. Tagsüber schickte er mir mit sarkastischen Bemerkungen untermauerte Screenshots von den WhatsApp-Nachrichten, die er bekam. Ich sendete meine Antwort als Sprachnachricht vom Klo.

Unser kleines Geheimnis entwickelte sich zu einem richtigen Nervenkitzel, fast so, als ob wir an einem Kriminalroman sitzen würden, in dem wir es unseren Vorgesetzten irgendwann so richtig heimzahlen würden. Als ob wir in Konkurrenz ständen um die schlimmste Story, den unmöglichsten Streit, die wahnwitzigste E-Mail. Wir schaukelten uns hoch, bis ich eines Tages erholt vom Urlaub aus Wien zurückkam und erkannte, dass wir kein anderes Gesprächsthema mehr hatten.

Wie bei unseren Eltern ging es immer nur um die Arbeit. Und an diesem Punkt schwor ich mir, es das nächste Mal anders zu machen. Die Dinge entweder offen anzusprechen und die Kritik schon tagsüber an die Adressaten zu richten, die damit auch etwas anfangen konnten – schließlich bin ich auch sonst nicht auf den Mund gefallen. Oder das Thema zu wechseln.

Ich hatte keine Lust mehr, das Klima meiner Beziehungen und meiner Freundschaften zu vergiften. Ich unterschätzte, dass sich die negative Eigendynamik wie Galle zwischen uns ausbreitete und den realistischen Blick killte.

Schon bald verband ich meinen besten Freund – Achtung, hier kommt die Ironie – mit Arbeit. Weil er all das wusste, was mir zu denken gab, gab es immer wieder neue Aufhänger, immer wieder neue Geschichten, mit denen ich an das Geschehene anknüpfen konnte. Sobald die Geschichte erzählt war, stand sie im Raum zwischen uns.

Schon wieder ein Abend, an dem wir nicht das gemacht hatten, was wir gerne tun. Ein weiterer Abend gegenseitig reproduzierter Miesepeterlaune, den wir auch damit hätten verbringen können, Klettern zu gehen, einen Film zu schauen, die neuesten Posts von Kim Kardashian zu checken. Oder: einen neuen Job zu suchen.

Niemand spricht von Redeverboten, aber manchmal kann es auch reichen, 15 Minuten um den Block zu laufen oder ein paar Sätze ins Tagebuch zu schreiben, statt im diabolischen Zweierpack den dramaturgischen Höhepunkt für den eigenen Abgang nach der Weihnachtsfeier zu planen. Der erste Schritt hinaus

aus dem Karriere-Heckmeck ist genau der: nicht über seinen Job zu sprechen.

Keine Tätigkeit, kein Pitch, keine Absage ist es wert, totgekaut zu werden. Kurz bevor ich explodiere, rufe ich mir die weisen Worte meines besten Freundes ins Gedächtnis: Ein Job ist ein Job, und es hilft nichts, uns für unser oder das vermeintliche Fehlversagen unserer Chefs bis zum Rest aller Tage zu verurteilen.

## Praktika sind das Letzte

«Macht funktioniert nur dann als solche,
wenn es auch Machtlose gibt.»
**SONJA EISMANN**

Wer auch immer das Gerücht in die Welt gesetzt hat, dass man bei Praktika «mehr über seine verborgenen Talente lernen» und Arbeitsprozesse «aktiv mitgestalten kann», er hat gelogen. Praktika führen in 98 Prozent der Fälle zu und bringen *nichts*. Gar nichts. Sie sind – allerhöchstens – als Beschäftigungsprogramm für weltfremde Politikstudenten geeignet, die sich nach einem Einführungsseminar in Kultur- und Sozialanthropologie gerne einen Obdachlosen aus der Nähe ansehen möchten.

Für die meisten sind Praktika im Wesentlichen eine Übung, sich beim Morgenmeeting nicht wie der selbstsüchtige Klugscheißer zu verhalten, der man in der Regel während des Studiums ist, und im Hinterzimmer heimlich an der Bachelorarbeit zu schreiben. Wie bei allem, was man für den Lebenslauf macht, sollte man sich auch hier jegliche Leidenschaft sparen und lieber in ein ordentliches Paar Kopfhörer investieren, damit man die Beschwerden der Kollegen («Was will Herr Langmann schon wieder?») unauffällig mit alten Lenny-Kravitz-Hits überspielen kann.

Bis ich so weit war, mich geistig vom Märchen «Praktikum» zu distanzieren und zu erkennen, dass es für mich andere Wege gab, um meine Stärken weiterzuentwickeln, musste ich selbst erst zwei Ferialpraktika, ein unbezahltes Praktikum in einer Full-

Service-Agentur und eines in der Kommunikationsabteilung eines 3000-Mitarbeiter-Konzerns absolvieren. Die allererste Erkenntnis war, dass ich währenddessen bei meinen Eltern leben musste, wenn ich aus dem Praktikum nicht mit 600 Euro Minus rausgehen wollte zum Beispiel.

Denn wenn es eines gibt, das Praktika-Ausschreibungen nicht enthalten, dann ist es eine Anleitung dafür, wie man die nächsten ein bis sechs Monate von dem Witz eines Gehalts überleben soll, während die Mieten in mittelgroßen deutschen Städten auf bis zu 600 Euro pro WG-Zimmer angestiegen sind. Was ich auch gerne gewusst hätte: Wie soll ich mit der Wut darüber bitte schön motiviert zur Arbeit gehen?

Scheinbar erwarten die meisten Arbeitergeber, die das nicht vorhandene Budget mit «einer tollen Atmosphäre» und «viel Spielraum» legitimieren, dass alle, die für den zeitlich begrenzten Dienst antreten möchten, reiche Eltern haben. Eine Annahme, die dazu führt, dass viele Plätze logischerweise nur von denen in Anspruch genommen werden können, die tatsächlich aus einem privilegierten Haushalt stammen und sich auf die Arbeit stürzen können, statt sich darauf konzentrieren zu müssen, was abends auf dem Teller landet.

Ich fände es durchaus fair, wenn man statt des eigenen Familienstands oder des Geschlechts künftig seine Privilegien angeben müsste. «Ja, meine Eltern haben mich das ganze Studium über finanziert» – zum Beispiel. Oder: «Ich komme aus einer Akademikerfamilie und habe schon mit sieben Jahren Adorno gelesen, damit ich dieses Faktum später jedem, der es nicht wissen möchte, unter die Nase reiben darf.»

Unbezahlte oder schlecht bezahlte Praktika werden oft mit dem Argument gerechtfertigt, dass man doch so viel dabei lernen würde! Dass das Lernen an sich bereits ein Wert wäre, der nicht so einfach in monetären Einheiten gemessen werden kann. Ein gutes Investment, für den Lebenslauf – für *was* denn auch sonst. Das mag einerseits schon stimmen, andererseits fängt genau hier die Ungleichheit zwischen gesellschaftlichen Schichten zu greifen an.

Wer wird die Chance bekommen, etwas zu lernen? Meist die, die jemanden kennen, ein gepimptes Curriculum Vitae inklusive Bestnoten vorweisen können und noch dazu spendable Eltern haben, die ihnen das WG-Zimmer in Hamburg über die Zeit hinweg bezahlen, in der sie sich den Arsch für andere aufreißen, während ihre armen Eltern dasselbe für sie tun. Perfide wird es, wenn dann über die mangelnde Diversität in Betrieben gejammert wird, obwohl jene integrativen Maßnahmen, die das ändern würden, logischerweise nicht erst zum Berufseintritt getroffen werden können.

Außerdem ist die Praktikanten-Gruppe der homogene Vorort der Bürostuhlhölle. Praktika werden deshalb so gerne als erstes Schnuppern in die Berufswelt angepriesen, weil sie tatsächlich eine Miniaturausgabe von dem sind, was uns später auf der Arbeit erwartet. Wer glaubt, beim Praktikum auf Gleichgesinnte zu treffen und sich mit ihnen über nutzlose Meetings, Ins-Wort-Faller und zähe Feedbackschleifen austauschen und dabei ein bisschen Spaß haben zu können, irrt in acht von zehn Fällen. Praktika sind das Sammelbecken berufshungriger Spätpubertierender. Und wir wissen alle, wie es nach Leistungssport in der Umkleidekabine riecht.

Wer vorhat, länger als ein paar Monate durchzuhalten, muss seine Strategie an die erschwerten Umstände anpassen, um sein Umfeld rundherum auszublenden. Wichtig ist, sich als Mensch so stark wie möglich zu verstellen, ohne dabei den Kern seiner Persönlichkeit preiszugeben. Grob unterschieden wird dabei zwischen zwei Arten von Menschen. Jenen, die trotz neuntem Arbeitstag in Folge eine Laune an den Tag legen, als ob ihnen Mark Zuckerberg persönlich zum Viral-Posting des Tages gratuliert hätte, und jenen, die eine starke Todessehnsucht ausstrahlen und sich mit jedem Tag ein bisschen tiefer in sich selbst verlieren. Schlimm sind auch die Praktikanten, die jede Drecksarbeit machen, zu allem «ja und amen» sagen und damit die Latte für alle höher legen als nötig. Oder die, die sich maßlos überschätzen und offen zur Schau tragen, dass sie sich für kleine Genies halten, obwohl sie noch nie in ihrem Leben einen Finger krumm gemacht haben.

Damit erschweren sie es all jenen, die tatsächlich einmal etwas Produktives beizutragen hätten. Im Falle des Falles interessiert es dann nämlich: niemanden. Selten macht man sich als Praktikantin bei anderen unbeliebter, als wenn man mit zu viel Ambition an die Sache rangeht, weil es zeigt, wie wenig davon bei den anderen nach ein paar Jahren im Hamsterrad übrig geblieben ist.

Zudem ist es auch verfehlt zu denken, dass die Erwachsenen im Büro Interesse daran hätten, uns etwas beizubringen. Praktikanten zu betreuen erinnert an die Arbeit im Kindergarten, und *ain't nobody got time for* vollgeschissene Windeln und Heimweh.

Bei einem meiner Praktika habe ich das Experiment gewagt, etwas an der Unternehmenskommunikation zu verbessern, und mich um Instagram gekümmert, da der Account der Firma sehr spärlich bespielt war. Als ich das Konzept ausgearbeitet und zur Umsetzung an die Vorgesetzte weitergegeben hatte, war sie alles andere als *amused*.

Wie konnte jemand, auch noch jemand Jüngeres, kommen und ihr einen Plan für ihren Arbeitsbereich vorschlagen, den sie ohnehin nicht in ihrem Alltag unterbekam? Statt eines konstruktiven Feedbacks auf mein Konzept habe ich ein weiteres Excel-Dokument per E-Mail erhalten, in dem ich die Anzahl der Social-Media-Kommentare pro Tag zu einem gewissen Thema eintragen durfte. Eine spannende Aufgabe! Macht direkt Lust auf mehr. Nachdem die Motivation für die restlichen anderthalb Monate ins Bodenlose gefallen war, musste ich mir anders weiterhelfen.

Also habe ich nach den ersten nicht fruchtenden Maßnahmen gelernt, wie ich einen ganzen Tag damit rumbringen kann, in fragwürdigen Foren nach seltenen Krankheiten zu googeln. Dafür nahm ich mir morgens am Klo immer extra Zeit, um ein Körperteil nach dem anderen nach verdächtigen Anzeichen zu untersuchen. Schmerzen in der Lendengegend? Könnte Eierstockkrebs sein. Ein Haar hat sich verwachsen? Hautkrebs. Mein Knie tut weh? Der Meniskus muss schnellstmöglich operiert werden. Mein Zeh fühlt sich taub an? Rheuma, im Endstadium. Und, der Klassiker für alle Hypochonder: Geschlechtskrankheiten, die man sich im Verlauf der letzten zehn Jahre potenziell hat einfangen können, ohne auch nur ein brauchbares Symptom aufzuweisen, was die Recherche und das damit zusammenhängende Zeitschinden natürlich um einiges erweitert. Wer weiß, vielleicht ist die Krankheit schon ausgebrochen. Damals, 2013, als ich eine Woche lang mit Grippe im Bett lag. Ja, ganz bestimmt habe ich Aids.

Wozu meine Praktika wirklich gut waren, sind die Anekdoten, die ich heute darüber erzählen kann, und die Mechanismen, die ich zum Zeitvertreib erlernt habe. Noch immer gibt es viel zu wenig verbreitetes Wissen darüber, dass man es auch anders schaffen kann als mit dem Absenden der hundertsten Bewerbung. Unser Denken ist oft so starr, dass wir die alternativen Möglichkeiten zum Lernen, die es durchaus gibt, gar nicht erkennen.

Zum Beispiel hätte ich gerne gewusst, dass mein Blog mir sehr viel mehr Arbeitserfahrung bescheren würde als jedes Praktikum, das ich gemacht habe, weil es mein Baby war, das ich von Anfang an entworfen, gefüttert und am Leben erhalten habe.

Mein Blog war das beste Praktikum, das keiner an mich vergeben hat, weil ich mir selbst Ziele und Aufgaben gesetzt und diese so umgesetzt habe, wie ich es für richtig hielt. Ich konnte mir meine eigene Spielwiese schaffen, die sich in künftigen Bewerbungsgesprächen besser einsetzen ließ als das fünfte unbezahlte Praktikum in einer Irgendwas-mit-Medien-Sekte – in der ich (Funfact) letzten Endes doch noch gelandet war.

## Können wir nicht lieber gleich zusammen
## das Patriarchat abschaffen?

Letztens, auf Instagram, habe ich es bemerkt. Die Kaiserin hat schon länger keinen meiner Posts mehr geliked. Dabei waren wir doch erst vor zwei Monaten gemeinsam im Kino? Ich öffne die App, werfe einen Blick auf meine Abonnenten. Gebe ihren Namen ein – und finde ihn nicht.

Ich versuche die Freundschaften zu zählen, die inzwischen an den Folgen meiner Arbeit zerbrochen sind. Eins, zwei, drei. Vier vielleicht? Genau weiß ich es nicht. Das Einzige, was sie nachhaltig hinterlassen haben, ist ein stumpfes Gefühl irgendwo in der Bauchgegend mangels weiblicher Solidarität. Egal, ob die Missgunst von mir ausging oder von der anderen Frau: Sie kam mit fortschreitender Stärke parallel zum ersten bezahlten Artikel, zum ersten Radiointerview, zum ersten Buchvertrag. «Erfolg macht einsam», sagt man so dahin. Bis einen die Binsenweisheit selbst betrifft, obwohl man zu allem Überfluss nicht einmal berühmt ist.

Die folgende Geschichte ist nicht eine meiner ruhmreichsten, und doch steht sie anekdotisch für das, was viele junge Frauen nach ein paar «erfolglosen» Jahren in der Kreativbranche fühlen. Ich sitze im Zug von Umeå nach Stockholm und arbeite an diesem Buch, als ich eine Sprachnachricht von einer befreundeten Autorin bekomme. Wir kennen uns von Twitter. Während sie mir von einer neuen Radiokultursendung erzählt, die sie ab Sommer in Berlin moderieren und gestalten darf, wird mir ein kleines bisschen schlecht. Nicht von den 200 km/h, mit denen der Zug durch die Landschaft rauscht, während ich mit meinem MacBook gegen die Fahrtrichtung sitze, sondern vor Neid.

Ja, richtig gelesen: Neid. Da ist sie, diese unangenehm nach Selbstmitleid riechende Emotion, die in Zeiten von #Girlpower keiner mehr zu spüren scheint, solange wir nur alle regelmäßig Herzen auf Instagram verteilen. Richtig?

Ich versuche, mich gegen den ersten Impuls zu wehren, indem ich ihn wie eine Begrenzungsboje im öffentlichen Schwimmteich unter Wasser drücke, aber sie steigt immer wieder an die Oberfläche, entfleucht mir, selbst wenn ich mich mit meiner ganzen Mindfullness darauf stürze.

Warum ausgerechnet sie, gottverdammt noch mal? Was hat sie geschrieben, was hat sie *gesagt*, das ich verpasst habe? Warum hat der Sender bei ihr angerufen – und nicht bei mir? Habe ich nicht genug getan, genug in ausbeuterischen Arbeitsverhältnissen gelitten, genug Absagen auf Stipendien bekommen die letzten Jahre? Und dabei hat sie sich nicht einmal durch die Hierarchien eines schlecht bezahlten Volontariats beißen müssen wie die meisten von uns, nein. Schnurstracks war sie nach dem Studium auf der Zielgeraden. Als ob es einen Wettkampf darum gäbe, wer mehr leiden muss.

Ich reiße mich zusammen, so gut es geht. Ich lege das Handy weg und balle meine Hände zu Fäusten, bis sich meine Fingernägel in meine Handflächen bohren, bevor ich antworte. Denn egal, wie gut es gerade für mich selbst läuft; unabhängig davon, ob ich einen neuen Auftraggeber an Land gezogen oder einen guten Text geschrieben habe, der motivierendes Feedback mit sich brachte: Die Angst, überholt zu werden, ist trotz des Vorsatzes, auf die eigene Karriere zu pfeifen, allgegenwärtig. Die Angst ist mein Begleiter, wenn ich Facebook, Twitter oder Instagram öffne und sehe, was die anderen geleistet und bekommen haben, während ich mir zwei Tage Pause gönnte. Fast so, als ob es da draußen nicht mal Platz für zwei Frauen meiner Sorte gäbe.

Liegt das an mir? Schon in der Volksschule haben die Medien Britney gegen Christina ausgespielt. No Angels gegen Preluders und Mariah Carey gegen Whitney Houston. Das aktuellste Beispiel: Meghan vs. Kate am englischen Königshof. «Wer ist die Schönste im ganzen Land?» titelten die Schundblätter fortwährend und spielten die Kontrahentinnen in fiesen «Wem steht's besser?»- oder «Wer kann's besser?»-Spalten gegeneinander aus, als ob es sich bei den besagten Frauen nicht um voneinander unabhängige Charaktere, eigenständige Individuen, sondern um austauschbare Püppchen handelte, die nur als toxische Gegenpole genug Aufmerksamkeit bekommen, um in der Arena zu bestehen. Die künstlich geschaffene Rivalität führte vor allem im Fall Britney vs. Christina zu einer Lagerspaltung.

Man konnte die eine nicht mögen, ohne die andere für ihre Jungfräulichkeit beziehungsweise Promiskuität zu hassen. Auf die Idee, Matt Damon gegen Ben Affleck oder George Clooney gegen Brad Pitt auszuspielen, ist hingegen noch keiner gekommen. Jeder von ihnen hat seinen Platz bekommen, ohne den anderen dafür bekämpfen zu müssen. Ja, gelegentlich gehen sie sogar miteinander saufen, ohne dass am nächsten Tag unvorteilhafte Fotos davon in den Tabloids landen.

Bereits zu Schulzeiten gab es wenig weibliche Solidarität, wenn es um die Pole-Position ging. Es gab immer nur ein Mädchen pro Stufe, das eine Sportskanone war und mit den Jungs Fußball spielen durfte. Sie war dann «one of the Boys», als ob alle anderen keine Lust darauf gehabt hätten, Fußball zu spielen. Es gab nur ein Mädchen, das die Schöne war, und eine, die zu klug war, um mit ihr Ohrringe bei Claires zu klauen.

Was die drei Charaktere gemein hatten, war, dass wir Normalos uns nicht trauten, überhaupt nur daran zu *denken*, mit ihnen zu konkurrieren. Sie spielten in einer anderen Liga, die uns sowohl innige Freundschaft als auch Konkurrenz versagte. Jedes Teenager-Mädchen wusste: Solange XYZ die Schöne ist, werde ich in ihrem Schatten stehen und niemals erste Wahl für den Stufenschönling sein. Egal, wie sehr ich mich anstrenge. Die Rollenverteilung war unfair und ziemlich wahrscheinlich auch nicht gerechtfertigt. Aber sie existierte, solange ich mich erinnern kann.

Ich beneidete die Schöne, weil sie mehr Aufmerksamkeit von den Jungs bekam; die Sportskanone, weil ich um wenige Zentimeter daran vorbeigeschrammt war, und die Kluge, weil sie aus einer Medizinerfamilie kam und genau wusste, was sie später machen würde: die Praxis ihres Vaters übernehmen. Statt uns zu unterstützen, lernten wir, jene Mädchen für den kleinen Erfolg zu hassen, der ihnen zugestanden wurde. Die zu beneiden, die uns einen Sprung voraus waren. Statt zu gratulieren, lieber heimlich Facebook nach unvorteilhaften Fotos zu durchsuchen und sich an den kleinen Fehlern aufzugeilen. Hauptsache, sie ist dicker als ich. Oder?

Die kindliche Stutenbissigkeit war damals wie heute keine selbst gewählte. Weibliche Konkurrenz- und Machtspielchen sind dann strukturell, wenn sie dazu dienen, zu isolieren. So, wie Arbeiter andere Arbeiter als Konkurrenz sehen oder Migranten andere Migranten fürchten, die ihnen nach der Einreise die Jobs wegnehmen, sollen Frauen in unserer Gesellschaft scheinbar so lange wie möglich in der Angst leben, andere Frauen könnten ihnen den Rang ablaufen. Sei es auf persönlicher Ebene – der Ehe zum Beispiel – oder beruflicher. Solange Frauen damit beschäftigt sind, sich gegenseitig zu bekriegen, sich aus Platzmangel an der Spitze Jobs «wegzunehmen» und Positionen streitig zu machen, statt mit Männern auf derselben beruflichen Ebene zu konkurrieren, leben wir in einer Sackgasse.

Das neoliberale Patriarchat, so schreibt Laurie Penny, hat jede menschliche Interaktion darauf ausgerichtet, miteinander zu konkurrieren – inklusive der viel beschworenen Sisterhood. Darüber zu sprechen ist gerade in Zeiten von Hashtags wie #Girlboss und T-Shirts mit Aufschriften wie «The Future is Female» ein Tabu. Jetzt, wo einige wenige erfolgreiche Frauen anderen wenigen erfolgreichen Frauen öffentlich wirksam die Hand zum Speakerinnen-Podest reichen und den Rest erst mal fernhalten.

Statt uns zu unterstützen, als Frauen und Mädchen, hassen wir einander weiterhin für die kleine Macht, die wir uns nach jahrelanger Arbeit verdient haben. Die Freiheit, die wir uns erkämpft haben, ist in Wahrheit gar keine. Nicht, solange Frauenpower eine rare Ressource des Spätkapitalismus bleibt, die linguistisch und strukturell dafür entworfen wurde, um Frauen in lächerlichen Top-30-Frauen-unter-30-Rankings herumzureichen, bis auch dort kein Stück des Kuchens mehr übrig ist. Ich frage mich, ob Rankings wie diese im Endeffekt nicht genau der neoliberalen Logik folgen, die neofeministische Seiten in ihrem Gleichstellungsbestreben zu kritisieren scheinen.

Natürlich wird Feminismus mit einem Schlag spannender, sobald Aktivistinnen in ihrer Beliebtheit wie in einem Boxring gegeneinander ausgespielt werden können. Wenn sie zu Feindinnen stilisiert werden – die eine nicht intersektional genug, die andere zu Mainstream –, während es scheinbar noch immer kein Problem ist, als übergewichtiger, mittelalter Mann regelmäßig und unhinterfragt in landesweiten Talkshows als Experte im Anzug zu sitzen.

So ist es nicht verwunderlich, dass viele Frauen auch im Erwachsenenalter das imaginäre Feindbild einer anderen, einer vermeintlich sehr viel erfolgreicheren «Konkurrentin» vor Augen behalten und die imaginierte Feindin anstelle der gegebenen Gesellschaftsstruktur für ihr eigenes Nichtfortkommen verantwortlich machen.

Einer anderen, der sie heimlich auf Instagram folgen, um sich dort zu ärgern, welchen Job sie – *schon* wieder – vor einem selbst bekommen hat. Um sich zu ärgern, dass sie so schamlos über ihre Erfolge schreibt, als ob sie keinen Funken Anstand hätte. Sich nimmt, was ihr zusteht – und dabei auch noch umwerfend aussieht. Sie ist der visualisierte Albtraum der eigenen Unsicherheiten und eignet sich deshalb besonders gut als Projektionsfläche für all den Hass, der eigentlich anderswo angebracht wäre: nämlich da, wo die Stimmen *junger, starker Frauen* höchstens als Klickfutter instrumentalisiert werden, ohne für das Individuum selbst Profite abzuwerfen.

Wenn es eines gibt, auf das ich keine Lust mehr habe, dann ist es, in Konkurrenz mit anderen Frauen zu stehen, die dasselbe machen wie ich. Wir alle sind Expertinnen auf unserem Gebiet, und solange es Medien, Institutionen, unsere Eltern, Geschwister, Freunde und Partner nicht schaffen, zu realisieren, dass es mehr als eine nennenswerte Neurowissenschaftlerin, Psychiaterin, Mathematikerin oder Twenty-Something-Autorin im deutschsprachigen Raum gibt, habe ich keine Lust, auch nur eine Minute meiner wertvollen Lebenszeit mit der Angst zu leben, außen vor zu bleiben. Ich habe keine Lust, ständig Ausschau danach zu halten, welche Frau denn jetzt vermeintlich besser performt hat als ich. Ich bin es leid, auf den Moment zu warten, in dem uns eventuell Gehör verschafft wird.

Ich wünschte, wir Frauen müssten abends nicht darüber brüten, ob jetzt diese oder jene andere die scheinbar einzige Polit-Kolumne des Landes an unserer Stelle bekommen hat. Weil es mehrere gibt. Weil es keine Sensation ist, wenn dieses oder jenes eine junge Frau macht. Ich wünschte, Frauen würden mehrere Slots statt des gefühlten einen bekommen. Wir würden uns gratulieren, statt uns zu beneiden, und uns Platz neben- statt untereinander gewähren.

Ich würde aufhören, mich zu fragen, warum ausgerechnet meine Freundin für den Radiojob ausgewählt wurde. Ich würde aufhören, mich zu fragen, was sie hat, das ich nicht habe – denn das ist gar nicht die Frage. Sie hat es genauso verdient wie ich, und nur weil ich durch die Hölle eines Jobs gegangen bin, heißt das nicht, dass sie das auch machen muss, um mit mir auf Augenhöhe zu sein.

Ich freue mich darüber, dass es Frauen gibt, die es schaffen, schnurstracks nach dem Studium ohne ärgerliche Umwege auf der Zielgeraden zu landen wie Männer. Weil es mehr Frauen geben müsste, bei denen es *genau so* läuft. Mehr Frauen, die nicht die Hälfte oder ein Viertel ihres Erwachsenenlebens damit verbringen müssen, sich hoch zu kämpfen.

Statt meiner Bekannten zu entfolgen, schicke ich ihr eine Nachricht: «Hey. Weißt du, ich finde deine Texte verdammt leiwand. Ich wünschte, ich könnte ein bisschen mehr sein wie du und von dir lernen, wie ich selbstbewusster mit meiner vollbrachten Arbeit umgehe. Ich wünschte, ich könnte in demselben Maße an mich glauben, wie du es tust, und mich nicht ständig kleinreden. Hast du Lust, demnächst mal auf einen Kaffee zu gehen?» Wir müssen uns noch überlegen, wie wir das Patriarchat begraben.[15]

## WhatsApp-Gruppen sind die Dickpics
## der Unternehmenskommunikation

Morgen Meeting um 8:00, freu mich auf euch <3
IRGENDEIN WHATSAPP-GRUPPENCHAT

**F**ür Menschen wie mich, die sich in großen Gruppen tendenziell eher unwohl als wohlfühlen, gibt es wenig Widerlicheres, als am Sonntag um 22 Uhr eine Nachricht in der Gruppe («La Firma <3») zu bekommen, während man gerade auf Tinder wischt. «Schaust du noch mal kurz über den zweiten Absatz bitte? ;) Schönen Abend.» WOW. So schnell kann eine Erektion vorbei sein. Unsere neue, freie Welt – sie ist eine verdammt ungerechte. Keine Ahnung, wer diese Menschen sind, die firmeninterne WhatsApp-Gruppen für eine glückliche Erfindung halten, geschweige denn weiß ich, wo sie wohnen. Aber es muss sich dabei um einen anderen Planeten handeln.

Wer weiß, vielleicht gibt es ja auf dem Mond ein geheimes Camp für Abteilungsleiter, in dem handelsübliche Bürostuhl-Befehle kollektiv in passiv-aggressive Blümchentexte umgewandelt werden. C'mon: Jeder weiß, dass der Vorgesetzte einem nicht *wirklich* einen schönen Abend wünscht, sondern in erster Linie die Arbeit erledigt haben möchte, die eigentlich zwischen 8 und 18 Uhr fällig wäre. Technologie sei Dank kann er sich halt jetzt seine Post-its für den nächsten Tag sparen und einfach da weitermachen, wo er aufgehört hat – auf seinem Smartphone –, und dort alle terrorisieren, die sich nicht ein Zweithandy für den Privatgebrauch zugelegt haben.

Was beinahe noch schlimmer ist als die Nachricht als solche, sind die hörigen Kollegen, die direkt antworten und Vorschuss-lorbeeren für den nächsten Tag sammeln. Die firmeninterne WhatsApp-Gruppe schafft dort Hierarchien, wo sie eigentlich welche abbauen wollte, weil alle anderen mitlesen – und das nicht mal heimlich. Mit jeder Stunde, in der man nicht antwortet, obwohl alle wissen, dass man abends *second-screen-online* ist, sinkt das eigene Ansehen. «Aha, da ist sie also wieder, Mrs. Extrawurst.» Ich finde: Wer andere aufgrund ihrer guten Rechte *status-shamed*, sollte vielleicht erst mal eine Runde in sich gehen.

Oder anders formuliert: Warum investieren westeuropäische Staaten Milliarden an Steuergeldern in die Bildung der besten Köpfe, wenn sie im Endeffekt bloß lernen, andere möglichst effizient auszubeuten? Die Schwelle, nach Feierabend in ein Chatfenster «Morgen spontanes Meeting um 7:30» zu tippen, ist definitiv niedriger, als um 21 Uhr den Mitarbeiter anzurufen und ihm zu sagen, dass er eine Stunde früher im Büro sein muss.

Ich kann mich noch erinnern, dass ich einmal einen Dienstplanwechsel nicht mitbekommen hatte, weil ich um 23 Uhr nicht mehr auf WhatsApp geschaut hatte und dafür prompt am nächsten Tag kollektiv ausgebuht wurde. Nun, die ungeschriebenen Regeln für die «Team 2018 <3»-Gruppen macht in den meisten Fällen nicht der Betriebsrat, sondern der Chef. Solange sich Mitarbeiter nicht trauen, ihrem Vorgesetzten gegenüber offen zu kommunizieren, wird es immer irgendjemanden geben, der «ja», «sehr gerne» oder «sofort» statt «nein, nicht um diese Uhrzeit, reden wir morgen» antwortet.

Wenn es ganz übel läuft, entwickelt der parasitäre Chat eine ähnliche Dynamik wie Mobbing auf dem Schulhof – nur subtiler, schließlich sind wir ja alle Erwachsene. So wird beispielsweise am Ende des Tages nur Chefs Liebling mit netten Worten gelobt, und alle anderen sind vergessen, selbst wenn sie eine Lkw-Ladung ordentlicher Arbeit im digitalen Postfach abgeladen haben. Wenn schon Lob an einzelne Teammitglieder versendet werden muss, dann bitte privat – und nicht dort, wo es alle lesen können. Wie unmotivierend ist das denn? Da fühlt man sich doch an den Deutschunterricht in der Unterstufe erinnert, wo nur die Aufsätze einiger weniger gelobt wurden und alle anderen wie begossene Pudel dreinschauten, weil sie kein Leckerli bekommen haben.

Und wie schlimm sind bitte Kinderfotos, die über die Weihnachtstage in die Gruppe gepostet werden. Schon einmal darüber nachgedacht, was diese Fotos bei denen anrichten, die keine Kinder wollen oder bekommen können? In firmeninternen WhatsApp-Gruppen werden die Grenzen des Privaten genau in diesem vermeintlich für alle okayen Maße überschritten, sodass keiner wirklich etwas dagegen sagen kann, ohne als gefühlloser Ork dazustehen. Ich höre schon die Gegenargumente: «Aber warum darf man das denn nicht? Ist doch total nett, wenn jemand sein Neugeborenes zeigt?», sagt die Feelgood-Managerin. Ja, was antwortet eins auf so was, ohne sich sofort als vermeintlicher Unmensch zu entlarven? Eben.

Und die Gruppe verlassen geht natürlich auch nicht so einfach. Wie sieht denn das aus, wenn man als einzige Person nicht mehr mitmacht? Wer vorhat, länger als ein paar Monate im Ferienlager für Erwachsene durchzuhalten, muss nicht nur dämlich grinsend eine grauenhafte Viertelstunde Sekt zum Ende des Quartals ausgießen, sondern auch zwangsläufig seine Strategie an die erschwerten Umstände anpassen. Widerstand funktioniert nur im Kollektiv, deshalb ist Stummschalten auch nur so lange eine Lösung, bis man das «International Sales»-Meeting am nächsten Morgen verpasst hat.

Ich bleibe dabei: Firmeninterne WhatsApp-Gruppen sind ein Hort für Schleimer, Selbstdarsteller und Streber, die Firmen Newsletter freiwillig in ihrer eigenen Timeline sharen. Solange dem Menschen bewusst ist, dass er austauschbar ist, bleibt das Berufsleben ein einziges riesengroßes, in der WhatsApp-Gruppe performtes Theater, in dem jeder versucht, so unauffällig wie möglich mit seinen egogetriebenen Vorstellungen aufzutrumpfen, um zu überleben zwischen all denen, die bereits nach dem schwächsten Tier der Herde Ausschau halten.

Danke, aber ich habe schon genug Kanäle, auf denen mir Kollegen auf den Geist gehen, die mich ungefragt zu ihren Kontakten hinzugefügt haben. Ich brauche nicht auch noch einen weiteren Mitstreiter in *diesem* Wettbewerb.

## «Du bist eine starke Frau» zählt nicht als Kompliment

10 Dinge, an denen du merkst, dass du eine starke
Frau bist.
**IRGENDEINE HEADLINE IM INTERNET, 2018**

Oh, ne! Schon wieder so ein Frauen-Business-Kapitel? Muss
das sein? Welche Komplimente darf man einer Frau denn
jetzt überhaupt noch machen?» *Well.* Am besten solche, die 1:1
auch auf ihr männliches Äquivalent übertragen werden können.

Oder schon mal den Begriff «starker Mann» gehört, außer im
Zusammenhang mit muskulösen Oberarmen, die irgendwen
aus dem Feuer retten sollen? «Einen starken Mann an der Seite haben» möchten viele, bei einer «starken Frau» bin ich mir da
nicht so sicher. Die Gesellschaft liebt starke Frauen als Phan-
tasie, als Idee – aber nicht als realitätsnahe Umsetzung mit tatsächlicher Stimme.

Als starke Frau bezeichnet wurde ich in der Regel meist dann,
wenn ich a) Probleme überstanden, b) meinen Willen mühsam
durchgesetzt oder c) als vermeintliche Siegerin aus einer Debat-
te oder Verhandlung herausgegangen war. Welche Kraft mich
genau das gekostet hat, ging beim Applaus unter. Als starke Frau
würde ich laut anderen schon «drüberstehen» und gewisse Dinge «aushalten» können. Ich könne meinen Mund «öffnen», wenn
es mir «nicht passe», und auch mal «ordentlich auf den Tisch
hauen». *Seriously*: Wenn dass die Regeln sind, um als starke Frau
zu gelten, dann scheiß ich drauf.

Ich muss an dieser Stelle etwas weiter ausholen. Als ich im
Sommer 2017 einen Job als Public-Relations-Managerin antrat,

war mein Arbeitsbereich klar definiert. Dachte ich zumindest. Ich wäre für Pressekontakte, Presseaussendungen und den Blog zuständig, den ich regelmäßig mit neuen Unternehmensinhalten füllen würde. Es handelte sich um eine 40-Stunden-Stelle. Doch ab einem gewissen Zeitpunkt wurde ich in Bereichen eingesetzt, die gar nicht meinem Aufgabengebiet entsprachen.

Plötzlich schrieb ich Werbekampagnen und konzipierte Social-Media-Postings, ja, einmal war ich sogar für das komplette Fotoshooting einer Kampagne zuständig und fragte mich irgendwann: Was zur Hölle ist hier eigentlich passiert? Als ich den Personalzuständigen in einem stillen Moment um Verständnis für meine Empörung bat, sagte er zu mir: «Aber Bianca – ich dachte, du bist doch eine starke Frau?»

Danke, Mann mit den schönen Haaren, aber nur weil ich in deinen Augen eine «starke Frau» bin, heißt das nicht, dass du meine Kapazitäten überstrapazieren kannst. Je länger ich darüber nachdachte, desto mehr wurde mir klar: «Starke» Frau war in vielen Unternehmen nichts weiter als ein *Buzzword*. Ein Freifahrtskompliment, mit dem man zwar zum Ausdruck brachte, dass die Frau durchaus Ergebnisse zustande brachte, die über dem erwarteten Ergebnis lagen, und anpackte, wo es weh tat; das gleichzeitig aber auch signalisierte: «Hey du – du bist so frech, und du bist so laut, und du bist so gut, in dem, was du tust: Dann tu doch bitte noch ein bisschen mehr für uns. Tut ja auch nicht weh. Also, uns nicht.»

Weh getan hat mir vor allem meine eigene Dummheit. Ich denke noch heute darüber nach, was ich anders machen könnte, um nicht wieder in die Falle der starken Frau zu tappen. Als «starke» Frau gebrandmarkt zu werden bedeutet nicht nur, mehr Arbeit aufgeladen zu bekommen*, sondern auch weniger

---

* Merke auch: «jung» als Adjektiv vor einem Jobtitel, ergo: eine brauchbare Ausrede für schlechtes Gehalt.

Feingefühl erwarten zu dürfen. Schließlich hält man als «starke Frau» ja auch mehr aus als die herkömmliche – ja, was eigentlich – *schwache* Frau? Ebenso problematisch: Frauen als kontrovers zu bezeichnen. Kontrovers finden mich in erster Linie Antifeministen und Hosenscheißer. Alle anderen, komischerweise, nicht.

Einmal sagte ein Mann zu mir, dass er inzwischen ja beinahe Angst vor einer «starken Frau» wie mir hätte, weil er nie wisse, wie weit er gehen dürfe. «Oh wow, danke, Heimscheißer!», dachte ich, ohne das Gespräch weiter zu vertiefen. Nur weil ich «stark» bin – ergo mich wehre –, fühlst du dich unangenehm berührt? Und nicht um all der anderen Frauen wegen, die sich nicht so viel trauen wie ich? Die sich nicht trauen, zu verhandeln, die sich nicht trauen, «nein» zur Extraschicht am Samstag zu sagen? Weil ich «stark» war, führte ich Kämpfe, und weil ich «stark» war, musste ich freitagabends nach der Arbeit meinen Freund im Bett vollheulen. Da lag sie also, die starke Frau, die nach einer Woche, einem Monat, ein paar Monaten, einem Jahr keine Kraft mehr hatte, ständig so zu tun, als ob.

Es ist bittere Ironie: In den Momenten, in denen ich mich schwach fühlte, wurde ich zu einer unknackbaren Nuss für andere, die sie «stark» nannten. Nicht unbedingt, weil es wahr war, sondern weil ihnen nichts anderes einfiel für ein für Frauen untypisches Verhalten. Man hätte mich auch «intelligent», «resistent gegen widrige Umstände» oder «unfuckwithable» nennen können. Man hätte mir danken können, für die Rechte der Arbeitnehmerinnen einzustehen oder unfaire Arbeitsbedingungen beim Namen zu nennen. Aber «stark» bot sich natürlich besser an, um die Kommentare, die Anforderungen, die Wünsche an mich mit einem nichtssagenden Wort zu verschleiern, mit dem auch Magazine regelmäßig die «stärksten der starken Frauen» küren.

Wenig überraschend sind die zehn starken Frauen Berlins[16] – zumindest, wenn man nach der *Berliner Zeitung* geht – allesamt Karrierefrauen, die sich nichts sagen lassen. Die Rapperin Sookee zum Beispiel, die sich gegen Rassismus und Sexismus einsetzt und nach Tracks wie «Pro Homo» sicher nicht nur ein Mal öffentlich und privat gegen Anfeindungen wehren musste. Starke Frau! Genauso wie Seyran Ates, Anwältin, die ein Attentat in einer Berliner Beratungsstelle für Frauen aus der Türkei nur knapp überlebte. Ihr streitbares Auftreten und ihre mutigen Stellungnahmen haben der Mutter einer Tochter immer wieder Morddrohungen eingebracht. Die Beschimpfungen und Tötungsankündigungen erreichten im Jahr 2009 nach Erscheinen ihres Buches «Der Islam braucht eine sexuelle Revolution» noch einmal einen Höhepunkt, schreibt eine Journalistin in der *Berliner Zeitung*.

So ist es nur auf den ersten Blick weit hergeholt, einen Zusammenhang zwischen den erfahrenen Widrigkeiten im Leben einer Frau und ihrer Zugehörigkeit zur Kategorie «stark» festzustellen.

Um als starke Frau zu gelten, musst du dir ein dickes Fell wachsen lassen, dich nicht einschüchtern lassen, den Kopf über Wasser und die Augen weit offen halten. Du musst klug sein, aber nicht berechnend, du musst etwas für die Gesellschaft tun, ohne dich selbst zu vernachlässigen, und du musst bereit sein, mit den Emotionen, die du hast, so haushalten zu können, dass das Bild von dir in der Öffentlichkeit nicht gefährdet wird. Gefühle haben Platz, aber bitte nur die, mit denen man etwas anfangen oder umsetzen kann. Traurigkeit ist erst dann an der Reihe, wenn etwas Entsetzliches überwunden wurde und man jetzt wieder «auf dem richtigen Weg ist». Dann kann auch darüber gesprochen werden, ohne Tränen als Beweis mitbringen zu müssen.

Ich finde: Wenn wir nur die Frauen als «stark» bezeichnen, die über psychische Krankheiten bloggen, in Krisengebiete reisen, ein eigenes Start-up gründen, alternative Energiequellen erforschen und zum Mond fliegen, öffnen wir eine Schere zwischen interessant und uninteressant, bewundernswert und flach, stark und schwach. Dabei sind die Grenzen, das weiß ich von mir selbst, immer fließend. Ich will, dass Frauen als genauso vielschichtig wahrgenommen werden, wie sie sind, und nicht entweder als das eine oder das andere Extrem.

## Im Team brainstormen ist wie
## Lebenszeit im Klo runterspülen*

Es gibt unangenehme Termine (Arbeitsamt), es gibt sehr un-angenehme Termine (unangekündigtes Personalgespräch vor Ablauf der Probezeit), und dann gibt es Brainstorming in Gruppen, nebenan im spärlich bestuhlten Meetingraum. Mein absoluter Favorit. Nach all den Jahren und Studien, die belegen, dass konventionelles Brainstorming in Gruppen nicht funktio-niert, ist es trotzdem populärer denn je. Teilnehmer von Brain-storm-Gruppen glauben gewöhnlich, dass ihre Gruppe viel produktiver war, als es tatsächlich der Fall ist, was einen guten Grund für ihre Fortführung liefert.

So musste auch ich in den letzten zehn Jahren nicht nur di-verse universitäre Gruppenarbeiten über mich ergehen lassen, deren Abschlussnote – *Surprise, Surprise* – meist zwei ganze No-tengrade unter meinem sonstigen Durchschnitt lag, sondern auch an Konferenzen und Meetings teilnehmen, die in der Regel wie folgt abliefen:

An besagtem Tag versammeln sich alle, die gerade anwesend sind und nicht doch noch «spontan zu einem Auswärtstermin müssen», um 14 Uhr in besagtem Meetingraum, um gemein-sam über eine Sache zu sprechen, die schon vor vier Wochen fällig gewesen wäre. Inzwischen hat sich diese kleine Sache, die geändert und über die deshalb am Nachmittag gebrainstormt werden soll, etabliert – aber das macht nichts. Zwischendurch

* Dieser Text ist in einer älteren Version zuerst auf ze.tt erschienen.

ein wenig Verwirrung streuen hat noch keinem Produkt geschadet.

Da sitzt man dann also ohne Smartphone zu zehnt in einem Sesselkreis, ausgestattet mit unausstehlichen veganen DIY-Muffins, und überlegt, wie genau man diese eine, ziemlich unwichtige Sache ändern könnte. Niemand hat eine Ahnung, keinen interessiert's. Aus unerklärlichen Gründen gibt es unter den Anwesenden trotzdem immer eine Person, die das Kommando an sich reißt und Ideen kategorischer in gut und böse spaltet als Joanne K. Rowling Buchcharaktere.

Diese Person steht für gewöhnlich am Whiteboard und hält einen schwarzen Edding in der Hand, mit dem sie auf die zappelnden Mitangestellten deutet (Rednerliste für Fortgeschrittene) und damit vor allem sich selbst erfolgreich aus der Gehirnschmalzaffäre zieht. Währenddessen tauschen Büroraumverbündete gelangweilte Blicke aus.

Nicht der Reihe nach wird in den nächsten 50 Minuten allerlei Dünnpfiff zum Besten gegeben, der den Besten der Besten unter normalen Umständen nicht unter 2,7 Promille herausgerutscht wäre. Schamgefühl unter Kollegen ist plötzlich kein Ding mehr, flockig reimt sich Pickel auf Nickel, und überhaupt sind wir alle sehr lustig und wieder 14 Jahre alt. Ungefähr in dem Tempo, in dem ansonsten Onlinediskussionen in gegenseitigen Hitlervorwürfen eskalieren, fällt in der Brainstorm-Gruppe das verbotene Wort Penis. Hihi!

Wer jetzt meint, man könne trotz Geschlechts- und Fäkalbegriffen in derlei Gruppen frei(er) denken, der irrt. Innerhalb kürzester Zeit entwickeln sich Hierarchien, die klar und deutlich machen, wer sprechen darf, ohne zensiert zu werden, wer nur einen einzigen Vorschlag bringen darf, um danach kollektiv ausgebuht zu werden («Echt jetzt, Steffen?»), und was letztlich auf dem Whiteboard stehen bleibt («Mach das wieder weg, Karsten!»). Die, die nichts zu sagen haben, müssen den Whiteboardkönig immer wieder dazu ermahnen, ihre Vorschläge in den Witz eines Ideenaustausches aufzunehmen, um später bei der Abstimmung für die hohe Wertung der eigenen Kreation zu sorgen.

Psychologen haben drei Erklärungen für das Versagen von Brainstorm-Gruppen, schreibt «Die Kraft der Introvertierten»-Autorin Susan Cain. Erstens die soziale Faulenzerei: In einer Gruppe lehnen sich die Einzelnen eher zurück und lassen andere die Arbeit machen. Zweitens die Produktionsblockade: Nur jeweils eine Person kann sprechen oder eine Idee produzieren, während die anderen Gruppenmitglieder so lange gezwungen sind, passiv herumzusitzen. Drittens die Bewertungsangst, vor Gleichrangigen dumm dazustehen. Seems legit.

Um zu erkennen, dass es in Gruppen ab acht Personen zu keiner adäquaten Lösung kommt, muss keiner bei Mancur Olson[*] nachlesen. Man muss nicht einmal Politikwissenschaft studiert haben – ein Vortrinken mit den sieben besten Studienkollegen der Schwester reicht für gewöhnlich als erste empirische Enttäuschung, wenn zuvor kein Ziel für einen Clubbesuch festgelegt wurde. Nächte wie solche enden in der Regel damit, dass man bis drei Uhr morgens durch die Gassen zieht, ohne eine Bar von innen zu sehen.

Aber wieder zurück zum Büro: Nach 30 Minuten voller postpubertärem Bullshit und dem innerbetrieblichen Machtkampf kommt für gewöhnlich eine Person ins Zimmer, die keine Ahnung vom Thema, aber eine durchaus wichtige Entscheidungsposition im Unternehmen hat. Diese schlägt dann einen Tick zu enthusiastisch Begriffe oder Lösungen vor, die vom

---

[*] In seinem 1965 verfassten Werk «Logik des kollektiven Handelns» behandelt Olson die Probleme von Arbeitsgruppen. Vor allem bei «Trittbrettfahrern» (free-rider problem), die ohne eigenen Beitrag einen Nutzen aus dem kollektiven Handeln anderer ziehen, besteht kein Anreiz mehr, sich an dem kollektiven Handeln zu beteiligen.

Team schon in den ersten drei Minuten des Brainstormings zerschmettert wurden. Resignation und Augenroller signalisieren den Gemütszustand aller Beteiligten. Besser wird's nicht.

Nach einer Stunde darf jeder dreimal die Hand heben, um für verschiedene Optionen einzutreten. Hier offenbart sich ein weiteres Mal das Level an kollegialer Solidarität, die später zum Streit zwischen Kollege Karsten und Kollegin Helena führen wird. Trotz ihrer argumentativ durchaus sehenswerten Bestrebungen, den einzig richtigen Lösungsweg einzuführen, haben sich zwei Drittel aller Anwesenden ausgerechnet für Option A entschieden: den Status quo. Helena verlässt daraufhin den Raum.

Die Angestellten sind, welch Überraschung, zu der Überzeugung gelangt, dass man doch besser alles beim Alten belassen sollte («So schlecht ist es jetzt auch wieder nicht!»), als sich unnötig auf einen höheren Workload und irritierte Nutzer («Das versteht doch keiner!») einzulassen.

Später holt sich dann jeder einen Kaffee, setzt sich an den Schreibtisch und versucht, das Ganze zu vergessen.

Chapeau auf die Teamarbeit.

## «Du verkaufst dich total, Liebes!»

«Warum tun wir uns so schwer damit, Liebe zu zeigen? (...)
Wenn du etwas gut findest, dann sag das doch, dann feier das.
Die Person, die Idee, die Werte, die Texte. Wir müssen einander
feiern. Ich find dich toll, ich bin ein Fan von dir. Und zwar von
lebenden Menschen, und nicht nur von Toten.»

**KÜBRA GÜMÜŞAY**[17]

Karriere hin oder her, ob Festanstellung oder Freiberuflich-keit: Wir alle müssen unser Geld irgendwo herbekommen, sofern wir nicht in die britische Königsfamilie eingeheiratet (Sorry, Kate!) oder einen ganzen Batzen Geld geerbt haben. Diesen Fakt zu akzeptieren hat ungefähr so lange weh getan, bis mir meine Eltern den Geldhahn zudrehten und ich bereit war, zwangsbedingt «mein eigenes Ding» zu machen.

Vor einer Weile traf ich einen alten Freund in Wien, der mir unbedingt ein paar Beobachtungen zu meiner «Karriere» mitteilen wollte. Sofern es sich bei gut gemeinter Kritik nicht um versteckte Botschaften egobedingter Kränkungen handelt, höre ich sie gerne an. Den Unterschied auszumachen, habe ich mittlerweile gelernt. Ein Kritikpunkt, der bis heute, unabhängig vom Absender, weniger gut bei mir ankommt, ist folgender:

«Bianca, du bist so viel mehr als Kommerz!», sagte mir also Hirschstetten-Hansi, der seit seinem 22. Lebensjahr in der Werbebranche arbeitet, und nahm einen dreckigen Schluck von seinem Ottakringer Blech. «Du bist Künstlerin! Eine Zeitlang bist du zu weit gegangen mit der Selbstpräsentation, wenn du mich fragst.»

Aha. Na, wenn du es sagst. Aber lass mich bitte noch eines genauer ausführen, bevor du dir deine nächste inkompetente Meinung bildest.

Lustig ist, dass der Vorwurf, jemand würde «sich verkaufen», dann verstärkt kommt, wenn kleine Musiker, Schauspielerinnen, Autoren oder Comedians, die sich jahrelang von Couscous mit Tomatenmark ernährt und als freundlich lächelnde Baristas gearbeitet haben, um mehr Geld in ihre Kunst zu investieren, größer werden. «Plötzlich», wie es dann gerne heißt – als ob das Feuilleton in seiner Wahrsagerinnenqualität mal wieder zufällig einen Glücksgriff gelandet hätte und dem Ruhm nicht mehrere Jahre oder gar Jahrzehnte harter Arbeit im Verborgenen zuvorgekommen wären.

Kann sich noch jemand an AnnenMayKantereit erinnern? Die Band, die vor ihrem Durchbruch für Hennings «einzigartige» Stimme gelobt und später wegen vermeintlicher Massentauglichkeit ganz schnell wieder vom deutschen Pop-Olymp gestoßen wurde? Out, im klassischen Rankingverfahren der aussterbenden Musik-TV-Sender?

Sobald AnnenMayKantereit den Punkt erreichten, an dem sie von ihrer künstlerischen Arbeit (über)leben und auf pathetische YouTube-Videos verzichten konnten, waren sie unangenehm besudelt. Ja, ein ZEIT Online-Autor fand es sogar anmaßend, dass die vier Jungs ihren Erfolg damit begründeten, sie seien einfach nur sie selbst.[18]

Wie frech ist das denn bitte, wie unverschämt. Der Vorwurf, einen «zeitgeistlichen Glückstreffer» gelandet zu haben, lässt natürlich nicht lang auf sich warten, kurz zuvor nennt er AnnenMayKantereit eine Band der «kleinen Träume», eine Band «für die Generation Y, die genauso desinteressiert und unpolitisch sind wie ihre Wegbegleiter». Natürlich.

Es ist leicht, «unsere Generation» – als ob es sich dabei um eine homogene Masse handeln würde – als unpolitisch zu bezeichnen, wenn das kleinste Fehlverhalten zum Branchenausschluss oder zur Kündigung führt, wenn man für ehrliche Worte auf einer imaginären roten Liste landet, die bis zum Wechsel der Vorstandsebene Türen verschließt.

«Der da verkauft sich ja ganz schön!», lästert die scheinbar erhabene Meute, sobald sie nur den leisesten Hauch von Geld riecht, selbst wenn es sich bei der Kunst um das exakt gleiche Endergebnis handelt. Sobald Geld im Spiel ist, muss sie fast automatisch schlecht sein. Für die Masse produzierte Billigware, die sich schon per definitionem von der wahren Hochkultur[19] unterscheidet.

«Die da», sagen Hirschstetten-Hansi und seine Freunde dann zu einer Frau mit 25 000 Followern, «die hat es aber ganz schön nötig. Muss sie ständig ihr Gesicht in die Kamera halten? Ständig ihre blöden Blogeinträge posten, ihre Veranstaltungseinladungen zu Workshops, ihre neue EP, die niemanden interessiert?» Na ja, außer die großen Musikmagazine eben jetzt und Radio Eins. Da war sie auch letztens im Interview, muss sich um einen Irrtum gehandelt haben. Die finden das sicher bald raus!

Es ist schon paradox: Auf der einen Seite wird unserer Generation vorgehalten, dass sie nichts zustande bringt und bis ins 15. Semester Kultur- und Sozialanthropologie studiert, ohne damit jemals einen Job zu finden – und sei es im bezirksinternen Heimatmuseum. Auf der anderen Seite wird auf die mit dem Finger gezeigt, die es schaffen, sich beruflich zu positionieren, und die ihre Fähigkeiten nicht hinter einem Gletscher von Unsicherheiten verstecken möchten.

Es wird gelacht über jene mit eigenen Homepages und Fotos in der Galerie; er wird nicht gerne gesehen, der scheinbar übertriebene Ehrgeiz. Der Ehrgeiz, er soll bitte im Stillen ausgelebt werden, im Kämmerchen beim Bücherwälzen – und nicht etwa, um auf Podien zu sitzen und kluge Dinge zu sagen.

Der Vorwurf, «sich zu verkaufen», kann ohne vorgehaltene

Hand seine Runden machen, ohne fundierte Kritik folgen zu lassen, weil es nicht der deutschsprachigen Kultur entspricht, ein gutes Wort für sich selbst oder andere einzulegen. Besser, wir sprechen einen ganzen Abend darüber, was bei der Generalprobe schiefgelaufen, was am Text unfassbar schlecht, was an der Wahl der Location problematisch war, statt uns einmal für das, was wir das ganze Jahr geleistet haben, auf die Schulter zu klopfen. Wer das öffentlich macht, ist laut Menschen wie Hirschstetten-Hansi natürlich ein Angeber.

Wir haben gelernt: Eigenlob stinkt. Und wer noch dazu ein motivierendes Zitat mit einem Foto von sich postet, der hat überhaupt jeglichen Respekt vor sich verloren.

Während die Kritiker selbst nicht einen Deut Ahnung davon haben, was es bedeutet, in der Öffentlichkeit zu stehen, entwickeln sie in ihrer Neidgetriebenheit einen ausgeprägten Hass auf Social-Media-Kanäle, die – Überraschung – von Grund auf darauf ausgelegt sind, sich für andere zu präsentieren. Wozu gibt es die Posting-Funktion? Die Möglichkeit, Dinge zu teilen? Wer Künstler kritisiert, die sich auf Social Media inszenieren, hat das Prinzip nicht gecheckt.

Natürlich gibt es Abstufungen der Arroganz, genauso wie es Grenzüberschreitungen des guten Geschmacks gibt. Niemand mag Heuchler, die «Fake It Till You Make It» bis zum Gehtnichtmehr betreiben. In der Regel sind sie jedoch seltener anzutreffen als Lurker, die den ganzen Tag nichts Besseres zu tun haben, als mit dem Daumen über Instagram zu scrollen und sich über den Erfolg anderer aufzuregen, ob er nun schon eingetreten ist oder nicht.

Was viele nicht beachten: Ein Teil der künstlerischen Tätigkeit bedeutet heute auch, das Marketing im Auge zu behalten. Wer nichts von sich preisgibt, nichts ankündigt, nichts veröffentlicht, wird schlichtweg nicht gesehen. Gut, außer er ist Beyoncé. Wer das kritisieren will, soll den Neoliberalismus und seine verkorksten Vorstellungen einer gewinnbringenden Karriere und nicht das Individuum verantwortlich machen, das sich erfolgreich an die Spielregeln hält.

Selbstdarstellung ist ein Bestandteil der beruflichen Professionalität. Mitzuhalten und zur Schau zu stellen ist notwendig geworden. Ausgerechnet für die Menschen, die sich am Ende darüber lustig machen.

«Sich zu verkaufen» bedeutet in Erwachsenensprache übersetzt, Sponsoren und Auftraggeber zu finden, die mit einem zusammenarbeiten, um das eigene Schaffen überhaupt erst zu ermöglichen. Einen Nischenroman im Eigenverlag herauszubringen ist weder besser noch schlechter, als einen massentauglichen Liebesroman zu schreiben. Es ist ganz einfach etwas anderes. Oder wie die Musiker von Neufundland in ihrem Track «Rückenwind Pt. II\*» feststellten: «Mach nie den Fehler und verwechsle deine Kunst mit deiner Karriere.» Ich kann gleichzeitig Content für andere und Kunst für mich alleine produzieren. Ich kann schreiben, um Geld zu verdienen, und schreiben, um andere mit meinen Ideen zu inspirieren. Ich kann für Mainstream-Medien schreiben und einen Impact auf die Gesellschaft haben. Und ich kann in der PR arbeiten und eine kritische Person sein.

Was ich mir von Hirschstetten-Hansi wünschen würde: Größe und ein bisschen Solidarität.

Es ist nämlich – anders als fälschlicherweise angenommen – alles andere als «cool», sich auf Social Media wie das selbstsüchtige Arschloch zu verhalten, das man ist, und seine Likes nur für die drei engsten Freunde und die Radiohead-Fanpage

---

\* Wer ein Monopolybrett besitzt, weiß, dass man nur gewinnen kann, wenn alle anderen verlieren. Und alle müssen sich daran gewöhnen, zu verlieren. Apropos verlieren. Trotzdem: Mach nie den Fehler und verwechsle deine Kunst mit deiner Karriere. Wenn der große Wurf ausbleibt, werd ich eben zu einem drängelnden Pendler. Es gibt niemanden, der mir vorschreibt, wie ich zu verlieren habe.

aufzusparen, weil man sich dabei besonders elitär im eigenen Zirkel suhlen kann.

Die Nichtaktiven, die in Wahrheit nur sehr glaubhaft so tun, als *ob* sie nicht aktiv wären, jetzt, wo Social-Media-Inaktivität als neuer Adel gilt, und sich zu gut und erhaben fühlen, um sich mit dem Fußvolk in den Kommentarspalten zu streiten oder auch einmal so etwas wie einen Like abzugeben, könnten genau das tun.

Mich und alle anderen, die ihre eigene Arbeit kostenlos im Internet zur Verfügung stellen, wird es freuen. Win-win – oder?

## Warum genau haben wir eigentlich aufgehört, auszugehen?

«You are worth so much more than your productivity.»
**ANTI-CAPITALIST LOVE NOTES**

Irgendwo zwischen meinem ersten Vollzeitjob und dem Studienende ist mir die Fähigkeit abhandengekommen, mich so richtig volllaufen zu lassen.

Nicht dass ich es früher nicht ausreichend geübt hätte. Zum Bedauern meiner Eltern gehörte ich nie zu jener Sorte Teenager, die sich von altersgerechten Beschäftigungsmöglichkeiten wie Tennis oder Flötenunterricht angesprochen fühlten. Als vollwertiges Mitglied der Generation Komasaufen traf ich mich lieber jeden Freitagabend mit meinen drei Freundinnen, um nach der Schule im Kinderzimmer des hoffentlich leeren Elternhauses heimlich Malibu Orange zu trinken. Wir aßen Pringles, kosteten den süßen Nektar von zuckerhaltigen Alko-Pops (was ein Wort) und schauten «The Ring». Schon während der Woche fieberte ich auf unser kleines Geheimnis hin.

Später stiegen wir auf härtere Drinks um, damit wir uns in der Schlange vor den Türstehern der Vorstadtdisco nicht in die Hose machten – und uns stattdessen wie 18-jährige Studentinnen fühlen konnten. Ich weiß noch, wie mühsam es war, als 16-Jährige Wodka im Billa zu kaufen. Nun, der Geist wächst bekanntlich an Herausforderungen, und so habe ich mir im Notfall ein bisschen Stoff von meinen älteren Freunden abzapfen lassen, um es im 26A zu meinem kleinen Vorglüh-Treff zu schmuggeln.

Ja, ja, ich weiß schon – Saufen ist ungesund, schädigt das Nervensystem, zerstört Gehirnzellen. Dinge, die man zum produktiven Arbeiten braucht. Saufen verwandelt mich auch in diesen Menschen, der zu laut über seine eigenen Witze lacht und dumme Geschichte erzählt, für die er sich am nächsten Morgen schämt.

Und doch bin ich heute froh, eine richtige Jugend gehabt zu haben. Eine, in der ich nach dem Feiern an der Schulter meiner besten Freundin einschlief, weil ich zu viel gesoffen hatte zum Beispiel, und sie mich pünktlich wie ein Wecker an der richtigen Haltestelle aufweckte. Eine, in der mich Freunde donnerstagabends abholten, ohne mich oder meine Eltern vorher zu fragen, welche Prüfung am nächsten Tag anstand.

Sie hatten beschlossen, feiern zu gehen und mich mitzunehmen. Ohne Widerrede. Ohne fünfunddreißig Minuten über das Für und Wider nachzudenken, darüber, was alles schiefgehen oder am nächsten Tag verpasst werden könnte. Aus heutiger Perspektive war meine Jugend genau dieses «Im Moment leben», von dem heute alle auf Instagram sprechen, nachdem sie sich einen Slot für «Quality-Time» mit ihren Liebsten in den Google Calendar eingetragen haben.

Wer Medienberichte über «die Jugend» von heute liest, stellt vor allem fest, dass sie immer weniger trinkt. Die Politiker jubeln, endlich haben die Antialkoholmaßnahmen gewirkt, die ganzen teuren Kampagnen, gedruckt auf Autobahnplakaten. Ohne die Folgen von massivem Alkoholkonsum schönzureden: Ich glaube nicht, dass der Grund für den geringen Alkoholkonsum der Jugend ausschließlich der ist, dass Sozialarbeiter und Lokalpolitiker mit ihren Motivationsreden und Abschreckungskampagnen eine gute Arbeit geleistet haben.

In einer Leistungsgesellschaft, die ständige Verfügbarkeit und Kompetenz schon für die Jüngsten predigt, ist es nicht verwunderlich, dass der Rahmen fehlt, loszulassen und mal über die Stränge zu schlagen. Faulheit hat ein negatives Image, sie ist mit dem Stigma der Unproduktivität, Antriebs- und Nutzlosigkeit verbunden und wird als unverzeihliche Charakterschwäche von Individuen abgestempelt, die den Mangel an Sozialprestige wahrlich verdient haben. Heute wie damals ist die schlimmste Konsequenz eines Katers, nicht mehr arbeiten zu können.

Alkohol uncool zu machen war das Beste, was großen, mittelgroßen und kleinen Konzernen passieren konnte. Keine verkaterten Mitarbeiter mehr, weil sich niemand traut, auch nur eine Minute zu spät zu kommen. Keine Menschen, die sich nach ausschweifenden Partys sehnen, weil sie erst gar keine kennen. Dabei kann Faulheit durchaus als Motor einer befreiten Arbeit funktionieren: als Fähigkeit, eine Balance zwischen Verausgabung und Verweigerung, Zeitverschwendung und Zeitverwendung zu finden. Eine Balance, wie der *Hohe Luft*-Chefredakteur[20] schreibt, die man selbst unter Mußebedingungen immer wieder verfehlen muss, um sie einigermaßen halten zu können.

Wie oft habe ich selbst darauf verzichtet, nach der Arbeit auf eine Party, eine Vernissage, einen kleinen Umtrunk zu gehen, weil ich zu müde war? Weil ich keine Lust hatte, am nächsten Tag noch kaputter zu sein als heute – selbst ohne Alkohol? Für wen, frage ich mich heute. Für mich? Wie oft habe ich eine laue Ausrede erfunden, nur um gegen 20 Uhr im Bett zu liegen, «Game of Thrones» zu streamen und mich ein Jahr später zu wundern, warum ich noch immer nicht in Hamburg angekommen war?

Wir müssen uns nicht jede Woche unter den Tisch saufen wie Profialkoholiker, keine Frage, und doch finde ich es peinlich, dass wir ausgerechnet aus den falschen Gründen verlernt haben, zu saufen. Von mir aus, dann saufen wir eben nicht, wenn uns sofort davon schlecht wird und wir auf unsere Gesundheit achten wollen. Saufen nicht, wenn wir aggressiv werden – oder den Exfreund anrufen.

Aber nicht saufen – und früh nach Hause gehen –, nur weil wir am nächsten Morgen arbeiten müssen? Was ist mit uns passiert? Wo sind die Nächte hin, in denen wir ewig auf waren, um betrunken und bekifft zusammen Nick Cave zu hören? In denen wir selbstverständlich mitgingen, in die nächste Bar, ohne vorher den bestmöglichen Heimweg zu googeln?

Erst letztens war ich auf dem 28. Geburtstag einer Bekannten. Es war die größte Trauerveranstaltung, die ich mir vorstellen kann. Die Hälfte aller Anwesenden trank sowieso «schon seit Jahren gar nichts mehr», und die andere Hälfte hatte nach einem Glas Sekt «genug, danke!». Die Shots blieben genauso unangerührt wie die zartbitteren Pralinen, die Oma immer zu Weihnachten schenkt.

Ich frage mich: Soll das ein Vorgeschmack auf die Zukunft sein? Auf die Weiterentwicklung von #eatclean #stayhealthy und #mindfullness, mit der wir alle angeblich nichts zu tun haben? Der Verzicht als Ersatzdroge, als Allheilmittel gegen Maßlosigkeit – und Freifahrtschein in die Langweilerhölle, in der Partys um 19 Uhr in einem veganen Restaurant beginnen und um 22.30 Uhr enden, weil bis auf drei Leute keiner mehr Energie hat, richtig auszubleiben.

Natürlich, wir werden alle nicht jünger, blablabla, und ich bin leider ebenso wenig mit dem Energielevel eines Ochsen gesegnet worden – und doch habe ich mir für kommendes Jahr eines vorgenommen: wieder öfter ja zu sagen zu einem Drink. Zu einer Einladung, zu einer Gelegenheit, dem Trott des immergleichen Erwachsenenlebens aus «Eat – sleep – work – repeat» zu entkommen, das in Neonleuchten an die Wände jedes x-beliebigen Cafés in Berlin-Kreuzberg wie ein neoliberaler Bibelspruch tapeziert wurde.

Letztens in Wien, als ich meine Freundin von früher traf – die, mit der ich meine ersten rauschbedingten Gefühlsausbrüche in Donaustadt hinter mich brachte und an deren Rücken ich meine trägerlosen Tops in schlechten Großraumdiscos zu David Guetta schmiegte –, standen wir nach einem langen Tag voller

Gespräche und Einkaufssackerl vor der Frage: Gehen wir noch auf die Party, zu der wir auf Facebook eingeladen waren und auf «interessiert» geklickt haben? Oder bleibt es bei unserer nichtssagenden Bestätigung einer Veranstaltung, für die sich andere Mühe gegeben haben?

Wir entschieden, hinzugehen. Obwohl wir schon acht Stunden unterwegs, vorher beim Vietnamesen waren und uns draußen angenehme drei Grad minus am Weg zur U-Bahn erwarteten.

Was soll ich sagen? Es war ein großartiger, unerwarteter Abend. Beim zweiten weißen Spritzer an der Bar erzählte mir meine Freundin, wie sie das letzte halbe Jahr jobbedingt beinahe nichts unternommen hatte nach der Arbeit, weil es meist einfach zu anstrengend erschien. Sie hatte das Gefühl, dass ihr Leben nur so an ihr vorbeizog, ohne Spuren zu hinterlassen, an die sie sich später erinnern würde.

An diesem Tag wusste ich, was ich künftig nicht mehr ständig tun sollte: an morgen denken zum Beispiel.

Ich kenne mich gut genug, um zu wissen, dass es nicht leicht wird. Dass ich die Entscheidung für einen guten Abend jedes Mal von vorne werde treffen müssen. Auf dem Heimweg, wenn ich eigentlich schon an der Station vorbeigefahren bin, weil ich die Nachricht zu spät gelesen habe. Wenn ich nach einer frischen Dusche im Bett liege und ein neues Magazin lese. Wenn ich schlechte Laune habe, aufgrund irgendeiner privat oder beruflich bedingten Dummheit, die mich auffrisst.

Immer dann werde ich mich hoffentlich an mein 16-jähriges Ich erinnern, das keine Ahnung hatte, was es seinem 26-jährigen Ich voraushatte: die Fähigkeit, im Moment zu leben und den Kater in dem Wissen auszuhalten, dass Produktivität nicht alles und manchmal sogar genau die richtige Antwort auf ein beschissenes Erlebnis ist.

Weil wir im Kater gar nicht anders können, als nichts zu tun.

Nicht zu denken, nicht zu schreiben, nicht zu lesen. Er hindert uns daran, Projektaufträge ein paar Tage früher anzufangen und Hausarbeiten auf Zitationsfehler zu korrigieren. Inhaltsverzeichnisse anzufertigen und Seminarräume zu buchen.

Mittlerweile begrüße ich meinen Kater wie einen Freund, den ich lange nicht mehr gesehen habe. Einen, der von ziemlich weit weg kam, um mich aus der Spießerhölle einer berufstätigen Erwachsenen zu retten.

Ich sage: «Hi, gut siehst du aus», und umarme ihn für ein paar Sekunden, bevor ich mich mit ihm unter die warme Bettdecke lege.

## Wut ist auch eine Form von Selbstrespekt

Ich kann mich an die Kommentare aus meinem Bekanntenkreis erinnern, als ich anfing, nicht mehr auf meinem Blog, sondern massenmedial über Arbeits- und Machtstrukturen zu schreiben, was zahlreiche Kommentare und E-Mails nach sich zog. «Bist du sicher, dass du dir damit nicht selbst eine Grube gräbst?», «Wer will denn jemanden einstellen, der so radikale Äußerungen von sich gibt – und das auch noch öffentlich?», oder auch beliebt: «Hast du nicht Angst um deinen Ruf?» Ich war verunsichert, schließlich handelte es sich bei meiner Familie und meinen Freunden um Menschen, die mir nahe waren und das Beste für mich wollten. Menschen, die mich geprägt hatten und von denen ich selbst nur zu gut wusste, wie sehr sie ihre Situation von Zeit zu Zeit aus unterschiedlichen Gründen hassten.

Das Ding ist: Ich habe mich nie konkret für diesen Weg entschieden, indem ich eine bewusste Entscheidung für meine heutige Position gefällt hätte. Systematische Kritik war schlichtweg immer Bestandteil meines täglichen Erlebens. Nichts, was ich einfach so abschalten konnte, indem ich die Augen zumachte und zum Bikram-Yoga ging. Ich bin nicht eines Tages aufgewacht und dachte mir: «So, jetzt fange ich an, die Probleme unserer Arbeitswelt zu sehen» – es ist mit dem Erwachsenwerden und dem Berufseintritt gekommen.

Ich kann meine Freunde und Familie heute beruhigen. Arbeitgeber, die sich nicht mit meiner Haltung auseinandersetzen wollen, befinden sich selbst in einer größeren Krise, als sie es auch nur erahnen können, ja, in einem Koma, wenn man so sagen möchte. Ein Wort, das aus dem Griechischen stammt und tiefer, traumloser Schlaf bedeutet. Ziemlich passend, wenn ihr mich fragt. Ich möchte aufwecken und wachrütteln, weil es keine Alternative zur Realität gibt, in der so viele Menschen arbeiten. Einer Realität, die uns an unterschiedlichen Arbeitsplätzen und Punkten im Leben zeigt: Hier geht es für uns nicht weiter, weil unser Vorgesetzter, der Markt oder unsere Herkunft es so entschieden haben.

Ich wünschte mir, es hätten mir trotz ihrer Bedenken mehr Leute zu meinem Vorhaben, dieses Kapitel über Modern Work Life zu schreiben, geraten, als mir via Twitter-PN davon abzuraten. Dass sich mehr Leute *in power* trauen würden, eine Stimme zu haben, wo sie so vehement auf die freie Meinungsäußerung pochen und diese dann doch wieder, die negativen Konsequenzen auf ihre Karriere im Hinterkopf behaltend, den anderen überlassen. Dass mehr Leute bereit wären, der Wandel zu sein, den sie in der Welt sehen wollen, und sich nicht dann zurückziehen, wenn es brenzlig wird.

Ich hätte mir an sehr vielen Tagen in meinem Arbeitsleben gewünscht, dass ich nicht alleine dagestanden hätte, dass ich, nicht immer, aber oft, die Einzige gewesen wäre, die sich über fristlose Kündigungen von Kolleginnen wundert, die Einzige, die dagegen war, unbezahlte Überstunden am Ende ihrer Fitnesscenter-Schicht zu machen, weil die Chefs eine Stunde pro Schicht zum Hochfahren der Geräte mit einem «Das gehört eben dazu» rechtfertigten.

Wenn Menschen wahrlich Verbündete wären, die sich kollektiv gegen Missstände – und sei es nur im Kleinen, im eigenen Betrieb – zusammentun würden, statt um die begrenzten Karrieremöglichkeiten im Spätkapitalismus zu streiten, dann hätte das aufschreiende Individuum weniger zu fürchten.

Ganz einfach, weil alle am Widerstand beteiligt wären.

## TEIL DREI

## NAMASTE MY ASS

Die Autorin und Aktivistin Luvvie Ajayi[21] spricht in ihrem TED-Talk «Get comfortable with being uncomfortable» über den Dominoeffekt, den professionelle Troublemaker in Gang setzen – und die Courage, die dafür gebraucht wird. Um viele Dominos zu Fall zu bringen, muss sie manchmal der erste Domino sein. Der Stein, der eine Ungerechtigkeit, einen Mythos oder schlichtweg *Schwachsinn* zum ersten Mal öffentlich anspricht. Der erste Domino, der sich rückwärts in die Hände anderer fallen lässt und hofft, dort auf weichem Sandstrand zu landen und nicht vorwärts mit ausgestreckten Armen auf dem harten Berliner Betonboden aufzuknallen.

Wie Luvvie Ajayi habe auch ich Respekt vor den Konsequenzen, die meine Worte nach sich ziehen. Was werden meine Kollegen denken? Oder noch wichtiger: Was werden meine Freunde denken, die mich nicht nur als angriffslustige Weltverbesserin kennen?

Die meisten Menschen applaudieren nur noch bei Kritik, wenn sie andere betrifft, deshalb lesen sie auch keine Nachrichten mehr, sondern «Motivational Quotes» oder Heinz-Christian «HC» Straches* Facebook-Seite und lassen Verwundete nach

---

* Rechtspopulistischer österreichischer Politiker der Freiheitlichen Partei Österreichs

Haibissen am Strand verbluten wie die Clique von Leonardo DiCaprio in «The Beach». Das, was aufreibt, wird eliminiert.

Wie alle anderen sein zu wollen ist offenbar immer noch ein besserer Überlebensmechanismus, als in den falschen Momenten das Richtige zu tun. Keinen Eindruck zu hinterlassen, statt unangenehm in einer Horde Schafe aufzufallen.

Die Ignoranz fängt irgendwann zwischen der ersten ungustiösen Zigarette auf dem Schulhof an und hört dann oft bis zum Tod nicht mehr auf. Niemand macht sich Feinde, indem er lächelnde Profilfotos mit sichtbarem Zahnfleisch hochlädt, als Flipflop tragender Backpacker durch Südostasien reist und dort von seiner Erleuchtung predigt.

Niemand wird gefeuert (*warum* eigentlich nicht?), wenn er Binsenweisheiten wie «Lebe jeden Tag, als wäre er dein letzter» munter vor sich hin postet, ohne dass sich irgendwer der 180 000 Follower die Mühe macht, diesen sprachlichen Dünnpfiff auseinanderzunehmen.

Wenn ich jeden Tag so leben würde, als wäre es mein letzter, wäre ich am nächsten Morgen halbseitig gesichtstätowiert – und pleite. Aber hey, wer schert sich schon um meine Finanzen, wenn er irgendwo in Bali auf «Posten» drückt.

Ich wache ganz sicher nicht morgens auf und denke mir: «Oh, heute wäre wieder ein guter Tag, um jemandem ans Bein zu pissen und den darauffolgenden Tag mit Emotional Labour[22] beschäftigt zu sein, statt am perfekten Rezept für eine französische Hochzeitstorte zu feilen.» Anstrengende Dinge zu schreiben ist in erster Linie genau das: *anstrengend*.

Und doch ist da dieser unfassbar starke Druck in mir, die Dinge so zu benennen, wie sie eben manchmal auch sind: hässlich. Schmerzhaft. Unangenehm. Ein Druck, der größer ist als die Angst. Weil sich immer noch zu viele Menschen in ihren Komfort-Zonen zurücklehnen, sofern es dort ausreichend Meerblick, WiFi und Kokosnussöl gibt.

Keine Sorge. Niemand muss gleich mit dem Bullshit-Rasen-mäher über alles drüberfahren, das bei drei nicht auf dem Re-flexionsbaum sitzt. Und doch bin ich der Überzeugung, dass unsere Welt ein fairerer Ort wäre, wenn wir alle öfter den Mund aufmachen würden, statt uns von Unternehmen, mediengeilen Influencern, unleidigen Bekannten und der Werbeindustrie ein Leben vorschreiben zu lassen, das vielleicht gar nicht zu uns passt – und an der Umsetzung regelmäßig verzweifeln.

Auf «Unfollow» drücken, wenn uns reiche Backpacker aus Schleswig-Holstein ein Leben vorgaukeln, dass wir auch mit al-ler Anstrengung dieser Welt nicht nachmachen können und mit hoher Wahrscheinlichkeit auch gar nicht nachmachen *möchten*. Wenn wir wieder lernen würden, richtig zu streiten, statt uns bei der kleinsten Unstimmigkeit zurückzuziehen wie Christian Lindner.

Anders als vielleicht gedacht, hört die Selbstoptimierung nicht bei der Arbeit oder der Liebe auf, auch die freie Zeit soll möglichst gut und effizient genutzt werden, um am Ende seines Lebens nicht vor dem Herrgott um Vergebung bitten zu müssen, seine Zwanziger auf der Couch mit Netflix verbracht zu haben, als ob es sich dabei um ein *Verbrechen* mit Aussicht auf Todes-strafe handeln würde.

Wir müssen alleine reisen gehen, schreibt irgendjemand auf ZEIT Campus, wir müssen fette Partys mit möglichst vielen Leuten schmeißen, schreibt die JOLIE. Wir müssen auf Konzer-te gehen und Hobbys haben, die nicht Malen, Eislaufen, Lesen oder Singen heißen, sondern im besten Fall so etwas wie Unter-wasserrugby.

Nach etlichen gescheiterten Versuchen, mit Mitte zwanzig ein neues Hobby aufzunehmen und jedes Wochenende auf ein Konzert zu gehen, habe ich selbstbestimmt aufgegeben, alle To-dos und Sehenswürdigkeiten der Welt abzuklappern.

Ich habe in diesem Leben nicht mehr vor, einen Kopfstand

oder Portugiesisch zu lernen. Ich werde mich nicht jedes Wochenende sozial missbrauchen, nur um wieder eine Clique zu haben. Ich werde einen Scheiß tun.

Denn das Letzte, was diese Gesellschaft braucht, ist ein weiteres selbstbeweihräucherndes Buch über Freundschaft, Herzchakras und richtige Essgewohnheiten.

Aber zuallererst würde ich gerne wissen, wo man hier dieses Internet abdrehen kann.

## Hallo, kann irgendjemand bitte dieses Social Media abdrehen?

«The internet has given me the dopamine, attention, amplification, connection, and escape I seek. It has also distracted me, disappointed me, paralyzed me, and catalyzed a false sense of self. The Internet has enhanced my taste for isolation. It has increased my solipsism and made me even more incapable of coping with reality.»

**MELISSA BRODER**

Ich hasse Social Media. Und zwar nicht nur dieses kleine bisschen, das jeder Mensch am Rande der geistigen Gesundheit für sich beansprucht und mit einem Lächeln, gefolgt von «Aber irgendwo ist es ja auch nützlich, hehe», verkündet, bevor er seinem Chef eine Freundschaftsanfrage auf Facebook sendet, sondern wie digitalen Krebs.

Social Media führt mir die Erfolge und Kindergeburtstage anderer Menschen vor Augen, die ich nicht sehen möchte, und gibt mir gleichzeitig die Option, mich geistig jeden Tag kostenlos aufs Neue zu prostituieren. Es gibt Tage, da lösche ich schon vor dem Frühstück alle Apps mit Posting-Option, um mich zumindest für drei Stunden am Morgen nicht mit der Außenwelt verbunden zu fühlen und tatsächlich dem nachzugehen, was sich meine Arbeit nennt.

Und dann gibt es Tage, da falle ich schon morgens ins Internet-k-Hole und hole mir auf die hemmungslose Selbstdarstellung der selbst ernannten Internet-Boheme einen runter. Ich hasse es, dass ich das mache. Ich hasse es, dass ich es hasse. Dass ich nicht diszipliniert genug bin, ein Käsebrot zu essen, ohne dabei mit fettigen Fingern durch meinen Feed zu scrollen. Ich hasse es, bei meinen Profilen aus Paranoia zwischen privat und beruflich hin und her zu switchen, weil wir mit all unseren entfernten Bekannten und Verwandten in einer niemals endenden Big-Brother-Folge leben, in der jeder jeden beim morgendlichen Klogang beobachten kann.

Ich hasse es, dass alle meine Exfreunde problemlos alle meine Tweets lesen können, ohne dass ich es merke. Ja, dass ich überhaupt noch daran *denke*, dass sie meine Tweets lesen *könnten*. Dass sie meine eventuell ungelesenen Tweets über die modische Unmöglichkeit von Tote Bags nicht einmal liken, zu allem Überfluss, obwohl sie sich damals 2014 nach der dritten versemmelten Jura-Klausur, wie ein Häufchen Elend an meine Brust geklammert, in den Schlaf weinten. Dass auch ich ihre Tweets lesen kann, obwohl wir in einem Paralleluniversum schon einmal friedlich zusammen in der Badewanne lagen, selbst wenn wir seit Jahren kein Wort mehr miteinander gesprochen haben. Zählt das denn gar nichts?

Noch mehr als diesen Gedankengang hasse ich, dass es zu spät für eine Umkehr ist. Für mich. Für uns *alle*. Dieses Social Media wird aller Voraussicht nach anders als eine Blasenentzündung nach ungeschütztem Geschlechtsverkehr nie wieder enden.

Mein ganzes Leben ist dieses Social Media. Mein Gott, dieses *Buch* ist dieses Social Media. Es existiert, weil ich mit 13 nicht wie die anderen Kinder rausging, um Fußball zu spielen, sondern lieber drinnen im Dunkeln saß. So lange, bis meine Mutter den Stecker vom WLAN aus der Wand zog und ich patzig nach unten stampfte, um mit der Frau, die mich geboren und aufgezogen hatte, über unangemessene Schlafenszeiten zu diskutieren. Ich war süchtig. Relativ schnell und relativ langfristig. Als ich noch nicht auf Twitter und Instagram und damit abhängig vom Dopamingehalt der Herzen und Likes war, postete ich meine von schräg oben geschossenen und in PSP8 überbelichteten Selfies in Foren. Jeder in diesem Forum hatte einen eigenen Thread. Meiner hieß: die meistgehasste Person auf dieser Welt.

In schlechten Zeiten sind meine internetinduzierten Selbstzweifel dieselben wie diejenigen eines 13-jährigen Kindes, das immer noch darauf wartet, von seiner Sitznachbarin einen Eintrag ins Diddl-Freundschaftsheft zu kriegen. Das Perverse daran ist, dass ich genauso wie die anderen 15 Millionen Menschen in Deutschland[23] nicht aufhören kann, meinen Scheiß zu posten.

Selbst wenn ich physisch merke, dass es mir nicht guttut, noch «kurz» vor dem Schlafengehen auf das Profil dieser ganz bestimmten Person zu gehen, um zu sehen, dass ich irgendwo nicht eingeladen bin, obwohl ich eh nicht hingehen würde.

Dass ich immer weitermache. Dass ich Fotos von meinem Gesicht und meinem selbst angeschraubten String-Regal poste und auf Kommentare und Herzen warte wie ein Drogenabhängiger auf seine Substis am Westbahnhof. Wie jeder andere normale Mensch mit einem Suchtproblem habe ich natürlich meine Regeln aufgestellt.

Nur 15 Minuten Schulhofgossip auf Instagram (ja *klar*), Leuten entfolgen, die mit ihrer Präsenz mein Leben vergiften. Leuten entfolgen, die modeln. Leuten entfolgen, die fotografieren. Leuten entfolgen, die einen Hund haben. Leuten entfolgen, die in Wien wohnen. Leuten entfolgen, die nach Berlin ziehen. Leuten entfolgen, die Händchen halten. Leuten entfolgen, mit denen ich Sex hatte. Leuten entfolgen, die keinen Sex mit mir wollten. Leuten entfolgen, die Spaß mit meinen alten Freunden haben. Leuten entfolgen, die unangenehm gackern. Leuten entfolgen, die lurken. Leuten entfolgen, die stören. Leuten entfolgen, die reich sind. Leuten entfolgen, mit denen ich Streit hatte. Ja, generell Leuten entfolgen, die ich nicht mag oder – noch schlimmer – bei denen ich vermute, dass sie *mich* nicht mögen, und auf gar keinen Fall nachsehen, wer von meinen untreuen

Followern meine Fotos dieses Mal nicht geliked hat. Sonst muss ich darüber nachdenken, was an meinem letzten Post falsch gewesen sein könnte, dass er fünf Unfollows nach sich zog.

War ich zu ehrlich? Jep. War ich zu privat? Hat sich jemand angegriffen gefühlt? Ja und ja.

Social Media ist der ideale Nährboden, um jeden nonstop für sein Posting-Verhalten zu verurteilen. Sosehr sich Instagram auch darum bemüht, das Level an Gamification hochzuhalten: Wir alle können nur verlieren, wenn wir uns nicht an die Spielregeln halten.

Wir verlieren jeden Tag. Follower, Zeit, Sympathie. Liebe. Nerven. Sehschärfe\*. Wir verlieren Freunde und Bekannte, die verstört von unseren Offenbarungen sind und eigentlich seit drei Tagen auf eine Antwort im Facebook Messenger warten. Wir verlieren unseren Begriff von Privatsphäre. Wir verlieren unsere Daten. Wir verlieren Gedanken daran, wer was wann gelikt oder nicht gelikt hat, und leiten daraus falsche Schlüsse ab.

Nichts als unangenehm ist mein Stolz, wenn ich vier Tage nicht auf Instagram gewesen bin, nur um mich dann doch wieder einzuloggen und eine Liste von Menschen in meinem Kopf abzuarbeiten, die mir in meiner unbemerkten Abwesenheit potenziell entfolgt sein könnten. Nachdem ich die vier oder fünf Namen der Personen bei der Suche eingegeben habe, die mir entfolgt sein könnten, sie mir aber doch nicht entfolgt *sind*, atme ich jedes Mal beruhigt aus.

So funktioniert mein Gehirn. Ich fühle mich wie eine Lungenärztin, die Kette raucht. Jemand, der so fasziniert und gleichzeitig traumatisiert von seinem Fachgebiet ist, dass er gar nicht anders kann, als all die Fehler zu begehen, die im Spektrum des Möglichen liegen.

Ich bin auch nur ein geltungssüchtiger Mensch manchmal,

---

\* Hallo, oder woher sonst kommen meine −6 Dioptrien her?

und das Internet tut sein Bestes, diese Seite sooft wie möglich nach außen zu kehren. Ich möchte mein Leben teilen, und ich möchte es nicht. Ich möchte sofort, wenn ich eine atemberaubende Landschaft sehe, ein Foto von mir haben, das mich in einer entspannten Pose davor zeigt, und es mit einem *deepen* Spruch hochladen. Gleichzeitig möchte ich es einfach nur meinen Freunden auf WhatsApp schicken und öffentlich nie wieder ein Wort über mein Dasein verlieren. Ich habe jegliche Grenze zwischen privat und beruflich auf meinem Weg zur Professionalisierung verloren. Ich habe *mich* verloren. Möchte ich nahbar sein für Fremde, oder möchte ich meine Ruhe?

In 90 Prozent der Fälle möchte ich einfach meine Ruhe. Aber was ist mit diesen anderen 10 Prozent? Diese anderen 10 Prozent sorgen regelmäßig dafür, dass ich mich dazu hinreißen lasse, privates Gedankengut in meinen öffentlichen Abfluss zu gießen. Genau diese zehn Prozent haben mich schon dazu gebracht, ein Foto zu posten, auf dem ich aussehe, als ob ich *weine*. Was wollte ich damit bitte schön erreichen.

Durch das Offenlegen des eigenen Gefühlslebens entsteht diese Pseudonähe, dieses gute Gefühl wie beim Recycling, etwas für seine Umwelt und die Gesellschaft getan zu haben, obwohl man in Wahrheit nur mal wieder öffentlich Tagebuch schreiben und seine inkontinenten Gedanken nicht für sich behalten konnte. Dauert ja auch viel länger auf Papier. Und weil das Tagebuch bekanntlich nicht mit einem spricht, hat Kevin Systrom Instagram erfunden, um mit unseren Emotionen Geld zu verdienen. Ich muss mich jeden Tag zusammenreißen, um nicht irgendetwas Dummes anzustellen, das ich für den Rest meines Lebens bereuen werde wie ein hässliches Tattoo.

Nur ein bisschen Social Media hat für mich noch nie funktioniert. Genauso wie ich früher nicht nur dieses eine Gummibärchen essen konnte, kann ich heute nicht nur dieses eine Foto posten. Wenn ich im Urlaub einmal entschieden habe, Regungen von mir zu geben und den Status des unbekannten Aufenthaltortes aufzugeben (als *ob* es jemanden jucken würde, LOL), gibt es fortan jeden Tag fünf neue Fotos von mir und meiner Umgebung. Ob meine Follower das wollen oder nicht. Meistens wollen sie es nicht.

Wie mit anderen Drogen auch führt der gewünschte Effekt irgendwann zum Gegenteil. Irgendwann gibt es nach den öffentlich zur Schau gestellten Erinnerungen und frisch lackierten Vintage-Möbeln keinen Rausch mehr, nur Anxiety und schlechte Gewohnheiten.

Ich kann nicht aufhören. Ich möchte alles zeigen oder nichts. Ich möchte kitschige Kussfotos von meinem Freund und mir posten oder kein Lebenszeichen. So tun, als ob er nicht existiert, vs. unsere züngelnden Münder im Nationalpark bei Sonnenuntergang festhalten. Ich habe ein Problem, und ich weiß es. Niemand muss kommen und mich darüber belehren. Mich aufklären, dass das, was ich mache, ungesund ist. Ich betreibe Binge-Social-Mediaing, indem ich mich zuerst sattsehe und auskotze, um dann abzutauchen und den geistigen Müll zu beseitigen, den das Scrollen und Faven hinterlassen haben.

Ich rieche jede Unsicherheit hinter ach so progressiven Selbstliebe-Captions, die wir uns durch regelmäßig praktizierte Offenheit abtrainieren wollen. Sie heißen Depression, Angststörung, Panikattacke, Magersucht. Sie heißen Unsicherheit, Verlustangst. Angst, nicht genug zu sein.

Wenn ich nach Instagrams Vision google, finde ich Antworten wie diese: «We're building Instagram to allow you to experience moments in your friends' lives through pictures as they happen.»

Passend, oder.

Diese Lücke zwischen technikfokussierter Vorstellung und menschlich verhunzter Realität.

# #Sorrynotsorry, aber mein Lächeln ist privat

«Lächel doch mal, sieht auch viel schöner aus.»
**JEDER ONKEL AUF JEDER GEBURTSTAGSFEIER,**
**ÜBERALL.**

Jeder Mensch entscheidet sich irgendwann für die Seite, die er auf Fotos preisgeben möchte. Für viele ist es die strahlende Seite; die, die sie im besten Licht zeigt. Auf Hochzeiten in Omas Kleid, fröhlich besoffen auf Festivals mit Schultersonnenbrand, mit den Geschwistern auf dem Bauernhof und einem Glas frischer Vollmilch in der Hand. Andere entscheiden sich dafür, ihr strahlendes Gebiss vor der Öffentlichkeit geheim zu halten wie einst Bill Clinton Monica Lewinsky. Well, aus vermutlich sehr unterschiedlichen Gründen – aber sei's drum.

Ich für *meinen* Fall lache nicht auf meinem Profilfoto auf Facebook, das mich mit gesenktem Kopf in der Weekday-Umkleidekabine zeigt. Ich lache nicht auf Klassenfotos. Ich lache nicht auf den Schaumpartyfotos aus den Mid-2000ern (danke, Paris Hilton), und ich lache nicht auf meinen Urlaubsfotos. Nicht, weil ich dort gekidnappt wurde. Sondern – man glaubt es kaum –, weil ich nicht möchte.

Schon öfter haben mich liebevolle Ratschläge erreicht, das doch bitte zu ändern. Geht auch ganz schnell, «nur kurz zu lächeln», und tut auch nicht weh. Wenn ich lächle, dann würde ich auch «nicht so arrogant aussehen».

Arrogant.

Ich muss bei solchen Vorwürfen sofort an Designerin Victoria Beckham denken und wie sie von den Medien verrissen wurde, weil sie sich trotz großem Druck nicht dazu verleiten ließ, ihr Lächeln zu zeigen – nur, um endlich als *sympathisch* wahrgenommen zu werden. Als die lustige Spielerfrau (die sie nicht war und ist), als die bespaßende Mutter, die in ihrer Rolle aufgeht. Victoria war die Frau, die niemals lacht – und so wurden ihr automatisch dieselben negativen Attribute zugeschrieben wie mir, auch wenn uns mehrere Millionen Einkommen jährlich und ein tätowierter Fußballergatte voneinander trennten. Als Entschädigung bleiben mir auch Meldungen wie diese erspart. «Auf offiziellen Fotos blickt sie immer kühl, was ihr den Ruf einer Eisstatue eingebracht hat», schreibt die Redaktion von ProSieben. Daneben: ein Video mit dem Titel «Kann Victoria Beckham lachen?». Redakteure beschäftigen sich darin mit der wahnsinnig wichtigen Frage, wann ihr Lächeln verschwand – und wann es wieder aufblitzte.

2014 kündigte die *Welt* Victorias 40. Geburtstag mit dem Titel: «Das verlorene Lächeln»[24] an, woraufhin ich mich mal wieder fragte, wieso es manchen so wichtig ist, ihre Mitmenschen in nichtspaßigen Situationen mit einem lächelnden Gesicht einzufangen und sie gegen ihren Willen zu einer Handlung zu nötigen. Warum sind sich Journalisten so sicher, dass Victoria ihr Lächeln ausgerechnet *verlor*? Vielleicht ist es Victoria ja egal, ob sie arrogant aussieht. Vielleicht möchte sie *gerade* für dieses Foto nicht lächeln, weil sie ihren Selbstwert nicht aus der tagesaktuellen Berichterstattung generiert wie andere Promis?

«Das verlorene Lachen ist eines der Markenzeichen, die sich das ehemalige ‹Posh Spice› im Laufe der Jahre zugelegt hat. Und es ist auch einer der Gründe, warum Victoria Beckham als das geheimnisvollste und vielleicht unbeliebteste Mitglied ihrer ehemaligen Girl-Group gilt.» Unbeliebt, steht da.

Dabei finde ich: Sie ist einfach nur schlau. Trotz ihrer ständigen medialen Präsenz, ihres Schaffens als Designerin und der Eskapaden ihres Mannes, die sie mit erhobenem Kopf überstand, verlor sie nie ihr Gesicht. Eben weil sie es gar nicht erst preisgab.

Stirbt das echte Lächeln nicht meist ohnehin genau dann, wenn irgendjemand sein Smartphone zückt und den richtigen Knopf zum Wechseln in die Selfie-Perspektive verpasst? Nebeneinander aufgereiht, warten Seppi und Fritzi dann auf den Moment, in dem sie ihre Mundwinkel zum «Fotolächeln»-Gesicht formen dürfen. Total echt. Sieht auch gar nicht blöd aus, wenn man, vor Anspannung zitternd, die Zähne fletscht wie ein Tiger kurz vor dem Abschuss. Fast scheint es, als ob sich das echte Lächeln einen Spaß daraus machen würde, als schwer zu handelnde Diva zu gelten.

Ich bin ganz auf seiner Seite. Denn warum sollte ausgerechnet das «lachende Gesicht» als das «angebrachte Gesicht» gelten – ist es doch *genauso*, wenn nicht sogar unnatürlicher als das nicht lachende, das «ernste Gesicht». Die Menschen im 21. Jahrhundert scheinen das zu mögen. Das lächelnde Gesicht passt ideal zu unserer Welt, in der die hässlichen Momente ausgeklammert und stattdessen Meilensteine im Feed gepostet werden. Einer Welt, in der besonders von Mädchen und Frauen nach wie vor erwartet wird, dass sie in weniger angenehmen bis sehr unangenehmen Situationen freundlich schauen und reagieren, als ob wir für das Gesamtwohl der Gesellschaft verantwortlich wären. Sei es im Fernsehen oder im RL. Schon kleine Mädchen lernen, ihren süßen kleinen Kopf schief zu halten, die Schultern einzuziehen und nett zu spielen. Weil es sich gehört.

Dass das nicht immer so war, beweisen alte Hochzeitsfotografien. Autor Nicholas Jeeves von der Cambridge School of Art fasst in seinem Artikel «The Serious and the Smirk: The Smile in Portraiture»[25] sehr schön zusammen, dass nach der damaligen Auffassung der Kirche Lippen in erster Linie dazu da waren, Zähne zu bedecken. Im 17. Jahrhundert waren es vor allem die

Armen, Betrunkenen und von der Gesellschaft Verstoßenen, die auf Fotos lachten.

Take this, Paparazzi! Ein Lächeln galt damals schlichtweg als störendes Element, das nicht nur für die eigene Idiotie und niedere Abstammung stand, sondern auch noch mit viel Muskelkraft bis zur Vervollständigung des Kunstwerks durchzuhalten war. Aber was interessiert *uns* heute schon die Vergangenheit.

Sicher ist nur: Niemand wusste, niemand *weiß* – bis heute –, wie Victoria Beckham wirklich tickt. Victoria existierte nicht erst als ausschließlich glückliche Partykanone, die bei Misserfolg irgendwo in Großbritannien mit gesenktem Haupt im Pub angetroffen werden konnte. Die Gaffer, die Neider, die Heuchler, die Fans – alle wollen sie immer sympathische Menschen sehen, aber sobald diese mit ein wenig Ruhm bekleckert wurden und sich doch wieder auf dem absteigenden Ast befinden, fällt man ihnen in den Rücken.

Menschen, die nicht für die Öffentlichkeit lächeln, sind für solcherlei Vorhaben zumindest ein Stück weit weniger Zielscheibe. Sie sind erhaben. Ich finde es ein gelungenes Kunststück im Medienrummel, Teile seiner Persönlichkeit zu verstecken, sie für sich zu behalten. Was ist schon Schlechtes dabei, ein wenig geheimnisvoller zu wirken als jene sich ständig selbst reproduzierenden PR-Bomben?

Nun bin ich weder Modedesignerin noch Britin, und doch habe ich im Laufe der Jahre einiges von Victoria Beckham gelernt. Mein Lächeln gehört mir und niemand anderem. Ich muss nicht auf Fotos lächeln, weil es der Hirschstetten-Hansi sagt oder Herr Überflieger vorlebt. Ich muss nicht lächeln, weil Fotografen anwesend sind. Ich muss nicht sympathisch wirken, nur weil dies das Ideal moderner Weiblichkeit bedeutet. Wer sich davon provoziert fühlt, wer mir deshalb fehlende Empathie oder gar Boshaftigkeit unterstellt, sollte seine Ansprüche gegenüber fremden Frauen überprüfen. I owe you nothing.

Deshalb sage ich: Nein zum Lächelzwang – und bleibe gerne und stolz beim Bitchface. Dem Schutzschild einer sensiblen Person, die sich jeden Tag überwinden muss, «da rauszugehen». Manchmal ist es ein ernstes «Ich steige gerade in die U-Bahn und bin auf dem Weg zur Arbeit»-Face und manchmal ein ganz normales «So sehe ich nun mal aus»-Face.

Wenn es *mir* hilft, nicht zu lächeln, dann lasst mich doch bitte so dreinschauen, wie ich das für ungefährlich halte.

Denn manchmal ist es sogar ganz beruhigend zu wissen, dass fremde Menschen nicht wissen, wie ich privat bin. Dass sie wie bei Victoria nur die ernste Seite kennen: die mit waagrechten Mundwinkeln.

## Heute im Angebot:
## «Alleine reisen» als Angststörung in der
## praktischen Travel-Edition

W er allein reist, der beweist Selbständigkeit, ein wenig Mut,
Flexibilität. Er sieht fremde Länder, ist unabhängig und
lernt Menschen aus aller Welt kennen», schreibt eine Autorin
auf ze.tt.[26] «Allein reisen, das riecht nach Kardamom, schmeckt
nach Muskat-Likör, klingt nach Panflöte.» Für mich riecht alleine Reisen nach Angstschweiß, schmeckt nach Desinfektions-
tüchern auf öffentlichen Toiletten und klingt nach Schmatz-
geräuschen im Bett unter mir.

Weit nach Mitternacht.

Als *professional millennial* wollte ich vor gar nicht so langer Zeit
natürlich auch eine dieser entspannten, weltoffenen Frauen in
Leinenhosen sein, die glücklich und schweißlos mit dem Ruck-
sack durch Osteuropa reisen und sich an jedem sehenswerten
Fixpunkt von einem Fremden («Could you ... please?») in einer
sexy Pose abbilden lassen.

Für die 3409 anderen total einzigartigen Momente auf meiner
Individualreise würde ich mir einen Selfie-Stick zulegen, mein
Mut muss schließlich mit irgendeinem Gerät fotografisch für
die Nachwelt dokumentiert und festgehalten werden. Meiner
Vorstellung nach müsste ich eigentlich nur noch in den Supermarkt, um mir ein paar Schoko-Kekse und Cola für die Fahrt zu
kaufen – und los geht's.

Als ich ein paar Wochen später am Montag um 5.30 Uhr aufwache, fehlt mir vor allem eines: Zeit für eine Dusche und die
nötige Portion Motivation, um mich in aller Morgenkälte durch
Berlin zum Hauptbahnhof zu kämpfen.

Ich habe alles mit, was man braucht – drei Jeans, vier Pullover, eine Angststörung in der praktischen Travel-Edition, sieben Shirts, eine kurze Hose, ein bisschen Selbstachtung, Wanderschuhe, genügend schwarze Unterwäsche, den Reiseführer, meine Kamera, Kosmetik und Kontaktlinsen – außer einer passenden Begleitung für das dritte Glas Weißwein am ersten Abend. Die habe ich zu Hause gelassen.

Wie soll ich auch mit anderen *alleine* auf Reisen gehen? Mich selbst finden, wenn um mich herum zwei andere Wesen in Jogginghosen Handy spielen und tindern? Eben. Statt Gesprächen mit meinen Freunden gibt es eine Bücherliste, die sich nicht nur für mich anhört wie eine lästige Schulaufgabe. Besonders stolz bin ich auf «Schuld und Sühne» von Dostojewski, ein Buch, mit dem ich mich zusätzlich knechten würde.

Meine Route würde mich über Warschau nach Łódź, dann weiter nach Zakopane, Vysoké Tatry und schließlich nach Bratislava zu meinen Großeltern führen. Bis dahin, so dachte ich, hätte ich auch Dostojewski fertig und ein paar neue Lebensweisheiten dazugewonnen.

Die Realität war dann wie das verblichene Coverfoto auf dem Reiseführer: ein bisschen kontrastloser. In Warschau angekommen, gab es erst mal richtig schlechtes Wetter. Wenn schon Regen, dann bitte gescheit und nicht in dieser Narkotika-Mini-tropfenvariation.

Ich quartierte mich in einem Vierer-Hostel für fünfzehn Euro mit drei anderen Frauen ein und starrte in meinem Stockbett an die Decke. Passend zu meinem Innenleben befanden sich dort große Risse.

Dabei hatte ich schon ein paar Pläne gemacht. Ich wollte an der Weichsel spazieren gehen, die besten handgekneteten Pierogi der Stadt essen, in den prachtvollen Kulturpalast zu einer Ausstellung. Ich wollte die Altstadt mit ihren süßen Häuschen sehen und Chopin-Interpretationen von hochbegabten Jünglingen hören. Ich wollte testen, wie weit ich mit meinem

Slowakisch komme, und vielleicht auch ein paar neue Bekannte finden, indem ich mich abends mit überkreuzten Knien in eine rauchige Bar setzte und abwartete. Eine vielversprechende Taktik, die schon in Wien nie funktioniert hatte.

Ich war alleine in London, alleine in Amsterdam, alleine in Hamburg. Aber dort hatte ich immer Leute gekannt, bei denen ich übernachten oder die ich besuchen konnte. In Polen kannte ich niemanden. Ich war dazu verdammt, die nächsten drei Wochen Selbstgespräche zu führen.

Nach der ersten ungemütlichen Nacht packte mich der Ehrgeiz. Ich fühlte mich fremd und schläfrig und nahm mir als aphrodisierendes Ablenkungsmanöver eine kleine Fototour durch die Stadt vor. Ohne Google Maps. Ich sah ein paar der Orte, die ich mir schon vorher markiert hatte, fand ein nettes Café mit unglaublich gutem Frühstück, und sogar das Wetter hatte es sich noch einmal anders überlegt und ließ ein paar Sonnenstrahlen durchblitzen. Ich war glücklich. Hatte ich es nicht schön hier, mit mir? Ich musste auf niemanden achtgeben, der statt Sightseeing Lust auf Daydrinking hatte. Ich konnte aufstehen und losgehen, wann ich wollte. So lange wie nötig in Museen umherirren und mir, wenn nötig, dazwischen drei Kaffeepausen gönnen.

Und dann kam das erste Abendessen. Und das zweite Frühstück. Und das zweite Abendessen, währenddessen ich niemandes Tag besprechen konnte. Und das dritte. Im Alleinsein war ich offensichtlich ziemlich schlecht. Ich hatte keine Lust zu schweigen. Dostojewski ging mir auf die Nerven.

Natürlich ist nichts Verwerfliches daran, alleine in einem Restaurant zu sitzen und so lange an seinem Schnitzel zu kauen, bis einem der Gaumen abfällt, und diejenigen, die Lust darauf haben, sollen das bitte auch tun. Ich für meinen Teil muss gestehen, dass ich mein drittes Abendessen lieber *ausgelassen* hätte, als es in der immer gleichen Gesellschaft – nämlich meiner – zu mir zu nehmen.

Es fühlte sich lau an, ins laut Tripadvisor «beste Pierogi-Restaurant der Stadt» zu gehen und sich dort um 20.30 Uhr an einen mit zwei Weingläsern und Kerzen gedeckten Tisch zu setzen, um doch nur eine Kleinigkeit für mich zu bestellen. Ich bin es mir wert, klar, so hat mir das vor zehn Jahren schon L'Oreal verkauft. Trotzdem wurde es unangenehm, zwischen mir und meinen unterdrückten Phantasien. Restaurants und Clubs und Hotels waren für mich Orte der Geselligkeit. Orte, die ich mit meinen Freundinnen oder meiner Beziehung besuchte, um gemeinsam eine gute Zeit zu haben. Jetzt saß ich alleine dort, um fremde Freunde beim Spaßhaben zu beobachten. Toll.

Ich ärgerte mich über mich selbst. Da hatte ich so groß hinausposaunt, wie gerne ich alleine reisen würde. Wie weit mich diese Erfahrung bringen könnte – und dann zweifelte ich schon an meinem allerersten Reiseziel? Es ist in dieser Gesellschaft doch gar nicht erlaubt, seine Meinung zu ändern.

Nach fünf Tagen vermisste ich diese so oft verteufelte Spezies namens Mensch fürchterlich. Klar, da waren Leute, wenn ich durch die Stadt lief. Aber abends war das Hostel doch ziemlich leer. Die Frauen im Zimmer kannten sich, und ich hatte keine große Lust, mich für länger als ein paar kurze «Und, woher kommst du so?»-Gespräche aufzudrängen. Meine Verzweiflung ging irgendwann so weit, dass ich freundlich wurde am Telefon.

An meinem letzten Abend in Warschau wurde es Zeit, Hotels für die weiteren Tage zu buchen. Lustlos saß ich vor Booking. com und verglich die Standardzimmer nach Review-Score, Preis, Qualität und Distanz, als ob Farbunterschiede der Deckenbezüge einen signifikanten Unterschied für mein Wohlbefinden ausmachen würden. Ich entschied mich für ein Einzelzimmer mit hellgrünen Wänden. Ich würde drei Nächte bleiben – und bekam die Frage nicht aus dem Kopf, was zur *Hölle* ich eigentlich in Polen machte.

Am nächsten Morgen – es war etwa acht Uhr, als ich aufwachte – sah ich eine Nachricht von meiner Lieblingsberlinerin auf
meinem Handy. Sie schrieb mir, dass sie mich vermisste. Fragte,
wie die Reise so sei. Ich musste schlucken. Ein unerwartetes
Gefühl hatte sich in meinem Kehlkopf verfangen und wollte mir
mit seiner dortigen Sitzblockade etwas mitteilen. Ich fing an zu
tippen.

> Heeey, mah ur schön, dass du dich meldest. Ich weiß nicht, Po-
> len ist schon schön so, und ich hab auch ein paar echte inter-
> essante Dinge über meine osteuropäischen Wurzeln gelernt.
> Aber irgendwie, ich weiß auch nicht, darf ich das überhaupt
> sagen? Ich möchte nach Hause. Weißt du, was ich mit diesem
> Gefühl meine? B. <3»

Keine zehn Minuten später rief mich die Berlinerin mit besorg-
ter Stimme an – und ich konnte nicht aufhören, ihr von meinen
Gedanken zu erzählen. Dass mich Reisen frustriert. Wahnsinnig.
Dass ich es hasse, zu warten, mich ungern anstelle und dabei
ständig das Gefühl habe, etwas Überlebenswichtiges wie meine
EC-Karte oder den Reisepass zu verschlampen. Dass ich immer
dachte, Reisen sei etwas Befreiendes; etwas, das den Geist erweitert. In Wahrheit ist Reisen nur so gut, wie man sich selbst dabei
fühlt. Wenn du eine Reise planst und dich der Gedanke daran
schon im Vorfeld belastet: Dann tu es nicht. Wenn du reist, nur
weil du denkst, da hinreisen zu *müssen*, weil es jetzt alle machen:
Dann tu es nicht.

Ich dachte immer, dass der Reisedruck gar nicht existent
wäre; dass ich *wirklich* gerne alleine reisen würde. Dass es mir
einen *Thrill* gibt, orientierungs- und bargeldlos um fünf Uhr
morgens an Bahnhöfen zu stehen, jede Menge Geld auszugeben
und meine Freunde zu vermissen. Aber ganz oft musste ich mir
bereits eingestehen, dass ich immer noch am liebsten morgens

in meinem Bett aufwache und genau weiß, wo in der Küche ich den Kakao finde.

Ich frühstücke sehr gerne exakt dasselbe wie am Tag zuvor, ohne mich erst zwischen fünfzehn neuen Alternativen entscheiden zu müssen. Ich muss gar nicht reisen, um mich zu «finden». Und wenn ich es schon versuche: dann nicht mehr um den lächerlichen Preis meiner sogenannten Unabhängigkeit, sondern mit den Menschen, die mir etwas bedeuten.

Ich muss gar nicht total individuell tun. Was ist so falsch an den schönen Sandstränden und halbkreisförmig angeordneten Liegen im All-inclusive-Urlaub? An Buffets, die niemals enden und sich wie von selbst wiederbefüllen? An aufwendig gefalteten Handtüchern und Rosen am Bett, an Touristen-Shuttles zum Hotel, an Sonnenuntergängen auf dem Balkon bei einem Glas Wein, am Faulsein, am Nicht-weiterdenken-Wollen, am Langweiligsein? Am Entspannen, am Verarbeiten, am bewussten Erholen, das nicht durch siebenstündige Bustouren durch Zentraleuropa unterbrochen wird und Hostels, in denen niemand englisch spricht?

Egal, wie gut ich mich anpasse, wie authentisch ich esse und schlafe. Ich bin und bleibe Touristin, auch wenn dieser Begriff die größte Angst der backpackenden Elite zu sein scheint. Und kein Pierogi-Lokalbesuch, keine Lektüre wird das so schnell ändern, sofern ich nicht anfange, mir ein Zimmer in einer polnischen WG zu sichern und mit Locals zu arbeiten.

Nach meinem Telefonat mit der Lieblingsberlinerin bin ich stracks zum Warschauer Hauptbahnhof gefahren, um mir ein Ticket für 30 Euro zu kaufen. Ankunft: zu Hause. Es war das letzte Ticket, das sie übrig hatten, und das Beste, was ich in diesem Moment tun konnte: das Hostel stornieren und meinem Gefühl vertrauen. Wer weiß, vielleicht fliegen die Berlinerin und ich nächsten Sommer gemeinsam nach Mallorca.

(PS: «Schuld und Sühne» hätte auch auf einem Drittel der Länge funktioniert, wenn man die Kleiderwahl Raskolnikows hin und wieder auf zwei statt auf 15 Seiten behandelt hätte. Nichts für ungut, Fjodor. Du hast das alles gut durchdacht mit dem Dandy-Sein, und die Geschichte ist auch super, aber nachdem ich zum zweiten Mal hintereinander nach jeweils 15 Seiten eingeschlafen bin, musste ich leider passen: *Next*.)

## Wir machen die Weltreise «eher so Low Budget»: egoistisch, oberflächlich und kurzsichtig

«Twenty years from now you will be more disappointed by the things you didn't do than by the ones you did do.»

**MARK TWAIN**

«I doubt it.»

**BIANCA JANKOVSKA**

Schon als wir in dieses Monstrum eines Flugzeugs in Wien–Schwechat steigen, kommt mir die ganze Situation ein wenig *absurd* vor. Ich habe 8000 Flugkilometer mit 19-jährigen rumänischen Flugbegleiterinnen und Passagieren aus der ganzen Welt vor mir in den nächsten zwölf Stunden und keinen konkreten Grund, *überhaupt* wegzufliegen.

Also, wenn man den Gratisalkohol und das Entertainment-Programm in der Kabine jetzt einmal außen vor lässt, das Kinoprogramm ist wirklich eins a. Gut, für 500 Euro hätt ich einen Filmabend zu Hause auch zusammenbekommen. Aber ich will nicht geizig sein.

Nicht heute. Nicht im Urlaub!

Gepackt habe ich einen Tag vorher, vorbereitet bin ich nicht. Ich habe mich *angeschlossen*. Ein Mädelsurlaub soll es werden, obwohl wir Frauen sind, aber das sagt man nicht so. Nicht dort, wo wir hinwollen. Dort, wo uns – so denken wir zumindest – Surferboys und Hängematten zwischen Kokosnuss tragenden Palmen erwarten. Dieses Mal also: Reisen mit Freunden.

Ich war noch nie in Indien. Sri Lanka ist streng genommen nicht *Indien*, aber so ungefähr hab ich es mir dort vorgestellt nach der Bildungsdokumentation auf 3sat, die ich mir bei einem Achtel Chardonnay zur Vorbereitung gönnte. Die ganzen 50 Minuten habe ich leider *nicht* ausgehalten, dafür bin ich doch zu sehr an den netflixschen Spannungsaufbau gewöhnt. Meine Aufmerksamkeitsspanne reicht seither nur noch bis zum vierten Post im Instagram-Feed.

Ich werde den Spirit schon noch live erleben, wenn ich dort bin. Sag ich mir.

Jedenfalls kommen ich und die zwei *Mädels* gegen 18 Uhr in Colombo an. Noch nie gehört? Ich eh auch nicht. Zuerst dachte ich, es handelt sich um einen Fehler auf der Buchungsbestätigung. Ich kenne nur Columbo, darüber singen zum Beispiel Wanda (das sind diese Musiker, die mit ihren Cousinen Geschlechtsverkehr haben wollen), und Colorado. Letzteres liegt in Amerika. Zumindest da bin ich sicher.

Wir sind uns nach einer Stunde vor Ort relativ schnell einig: Das echte Colombo in Sri Lanka ist ziemlich hässlich. Wir haben ein bisschen mehr Leben erwartet. Ein, zwei Restaurants in Hotelnähe wären jedenfalls nicht schlecht gewesen. Auch so lassen wir uns nicht davon abhalten, unsere wohlgenährten Körper durch die dunklen Gassen zu schieben und auf ein nicht biologisch angebautes Backhendl zu hoffen. Masala Style.

Als wir über die Bahnhofsbrücke gehen, habe ich meinen ersten WTF-Moment. Während ich mir am Uferkanal die Nase zuhalte, frage ich mich, was genau ich mir eigentlich dabei gedacht habe. Seit meinem 17. Lebensjahr verschwende ich 95 Prozent meiner Lebenszeit darauf, den Spätkapitalismus zu kritisieren, nur um ihn sofort zu vermissen, sobald ich weit weg von zu Hause bin. *Pathetic*.

Ich stehe nach einer 25-Stunden-Reise ohne Dusche inmitten einer mir fremden Kultur und bin hungrig. Nach einer halben

Stunde finden wir ein Restaurant, in dem nur Locals sitzen. Ich weiß aus Foodie-Blogs, dass das immer ein gutes Zeichen für die sogenannte «Authentizität» des Lokals ist, auch wenn die Sessel nach unserem sagrotangeschulten Hygieneverständnis aus ziemlich dreckigem Plastik sind. Wir sind die drei einzigen Frauen.

Dass wir uns nicht trauen, mit den Fingern zu essen, habe ich sicher schon erwähnt.

Von außen muss die Kulisse noch abstruser aussehen, als sie das für mich schon von innen tut, während ich mit einer Handbewegung auf den unbekanntem Inhalt zeige und laut «What is this?» frage wie ein Trottel. Als die vier von mir ausgewählten Gerichte auf unserem Tisch landen, bin ich ein bisschen stolz. Einmal etwas richtig gemacht.

Wie beim Essen haben wir auch bei der Kleidung keine Wahl. Das tropische Klima drückt mir aufs Gemüt. Ich habe nie verstanden, wie Menschen so überleben können. In Ländern, in denen es nie unter zehn Grad Celsius hat. Kein Wunder haben die keine Infrastruktur, ich würd hier auch nix hackeln*. Wenn mir eines die Urlaubslaune versaut, dann ist es die gute Wettervorhersage.

Bei 30 Grad plus macht außer am Strand liegen und seine Fettpölsterchen wenden so gar nichts mehr Spaß. Zum Glück stehen uns am nächsten Tag nur 300 Kilometer mit der singalesischen Tschutschu-Bahn bevor. Unklimatisiert natürlich. Hier schaut man noch auf die Umwelt! Ich habe keine Ahnung, warum ich um fünf Uhr aufstehe, um in der Nacht zu einem Bahnhof am anderen Ende der Welt zu laufen. So schön kann kein Paradies sein, dass sich *das* auszahlen würde.

Im Vorfeld haben wir beschlossen, wir machen den ganzen Trip «eher so Low Budget». Das kommt allen gut, schließlich

---

* Wienerisch für arbeiten.

haben zwei von drei keinen Job. Selbständig zählt nicht. Unser Motto lautet: Hauptsache, weg. Ist doch «egal, wo wir schlafen», schließlich sind wir «den ganzen Tag unterwegs», und wer will schon zimperlich sein, schließlich genießen wir als *weiße* Privilegierte den Luxus, selbstverständlich und auf eigene Gefahr und Kosten umherreisen zu können und unseren «Horizont zu erweitern», auch wenn wir dabei bestimmt – *ganz unabsichtlich natürlich* – das eine oder andere politisch unkorrekte Foto vor einem Tempel schießen. Na ja, wurscht.

Tag 7 sind wir dann in einem Hostel namens Beach Hut angekommen, das zuletzt rund um den Fall des Eisernen Vorhangs gereinigt worden ist. Schätzungsweise. Neun Euro pro Nacht – Jackpot. Ich habe das besondere Vergnügen, alleine im Untergeschoss in diesem superbequemen und außerordentlich reinen Zeltlager inmitten von meinen Freunden Spinne, Mücke, Floh & Co. zu nächtigen. Da hilft das löchrige Moskitonetz leider auch nichts mehr. Jeden Morgen zähle ich neue Dippel. Das Zimmer betrete ich deshalb immer erst gegen 23 Uhr nach ausführlicher Besprayung, damit ich so lange wie möglich nicht in Berührung mit dem Bettlaken komme. Wer darauf wohl schon Sex hatte?

Zwei Meter von meinem Kopf entfernt (Luftlinie) befindet sich glücklicherweise das Klo, dessen Tür man nicht schließen kann (wow), also klapp ich sicherheitshalber zumindest den Klodeckel runter, damit keine Schlange rauskriechen kann.

Innerlich freuen wir uns bereits auf unsere entspannte «Wir sind solche Beachbabes»-Zeit im Cheeky Monkey Hostel. Dort würden die Leute warten, die wir den ganzen Urlaub trotz Geiz, öffentlichen Verkehrsmitteln und Strand-Socializing nicht kennengelernt haben.

Wo soll ich anfangen? Obwohl ein Schild mit «Talk to each other, pretend it's 1993» an der Kreidetafelwandverkleidung hängt, hocken die allermeisten Surferboys und Surfergirls abends am Handy und schauen Insta-Storys von ihren Freunden in Thailand und Indonesien. Weil ich nicht die Einzige sein will, die handylos auf das Meer starrt, schleiche ich mich nach einer Stunde ins Zimmer, um den Apparat zu holen. Fazit: Fürs nächste Zimmer verwend ich meine letzte Honorarnote.

Zu meiner Enttäuschung wache ich immer recht früh auf, obwohl ich gar nichts anschauen will. Meine beiden *Mädels* stehen noch früher auf, um sich irgendwelche Sonnenaufgänge von Felsvorsprüngen zu geben. Als ob es keine Google-Bildersuche gäbe.

Alles sehen sich die fleißigen Touristinnen vorher im Internet an, um *ja* sicherzugehen, dass der Ort oder das Hotel oder der Strand auch *gut* genug ist. Hinfahren müssen sie dann auch noch. Als ob es nicht gereicht hätte, einen Blick auf Instagram zu werfen. Jedes bekannte Urlaubsmotiv lässt sich dort in zigfach reproduzierter und meist nur sehr gering abgewandelter Form unter Hashtags wie Goodlife, Palmtrees oder Beachbabes nachschlagen und kategorisieren. Das eigene, natürlich sehr *individuelle* Foto passt sich dementsprechend nahtlos an seine Umgebung an. Damit der Prozess möglichst schnell vonstattengeht, kauften sich meine Begleiterinnen SIM-Karten, um trotz Urlaub jederzeit erreichbar zu sein und das Smartphone auch nicht am Strand aus der Hand legen zu müssen.

Selten habe ich so unbeeindruckende, langweilige Menschen getroffen wie auf Reisen. Da sitzen sie an den schönsten Stränden der Welt und wissen nicht, was sie tun sollen.

Als mir kleine Kinder in Schuluniform zuwinken, während ich ihr nationales Heiligtum in Converse besteige, fühle ich mich besonders schlecht. Ich will keine Vorurteile haben. Dann habe ich Vorurteile. Weil ich zu viel Trash geschaut habe früher und mich nicht ordentlich über das Land informiert habe, in das ich fahre.

Weil ich lieber von Elefantenbabys und Schnorcheltouren

geträumt habe als von der Realität. Ich bin so ignorant, dass ich sogar denke, es *besser zu* haben als «die». Weil ich im heiligen Europa wohne und in meiner zweidimensionalen Realität derart fest verankert bin, dass ich mir trotz antrainierter Weltoffenheit kein anderes Leben als mein eigenes vorstellen kann. Als ob Geld und Regen glücklich machen würden, alleine.

«Wie egoistisch und dumm ist das denn?», mag sich jetzt der eine oder andere Leser fragen. «Niemand will mit dir tauschen! Schau dir doch mal an, was dieser Spätkapitalismus in Zentraleuropa angerichtet hat?» Und ich sage: «Ja, genau. Ich *weiß*! Ich bin das wunde, fleischfarbene Problem aus dem Herzen Europas, das zwar Meerwasser und Cocktails am Strand möchte, sich dann aber darüber beschwert, dass andere Touristen am selben Ort Urlaub machen. Es muss sich um einen Irrtum handeln, dass sie just zu der gleichen Zeit am selben Ort eingekehrt sind, um dasselbe überteuerte Touri-Menü («Pulled Pork Tacos mit French Fries!») für das Fünffache des eigentlich angemessenen Preises zu kaufen.»

Aber was sollen wir denn anderes machen, jetzt, wo wir endlich im Paradies der Fremdheit angekommen sind? Curry mit Reis fressen, den ganzen Tag? Ich bitte euch. Als mich die gebräunte blonde Frau Mitte 40 im Touri-Gebiet darauf aufmerksam macht, dass mein Brownie mit Tax umgerechnet drei Euro fünfzig kostet, obwohl ich in einem der ärmsten Länder der Welt Urlaub mache, würde ich meinen tacogeschwängerten Mageninhalt gerne auf ihrem frisch sanierten Tresen entleeren.

«Nein» sage ich dann allerdings *doch* nicht und beobachte stattdessen gespannt die Einheimische, die gerade meinen Brownie verpackt. Wahrscheinlich hat ihr die Weiße auch noch gezeigt, wie man diese lächerlichen US-amerikanischen Kartons nach japanischer Origami-Manier faltet, in der mir der Brownie über die Theke gereicht wird.

Ich fühle mich an Berlin erinnert. Auf eine sehr falsche Art.

Dort ist es gerade noch *okay*, dass einem hippe blonde Ladenbesitzerinnen in gentrifizierten Swing Kitchens ihre selbst gemachten Küchlein für fünf Euro als Angebot des Tages verkaufen. Hier wirkt es wie der Anfang einer Gated Community. Mich beschleicht dasselbe Gefühl wie zu dem Zeitpunkt, als ich in die Maschine steige. Wieso kaufe ich so weit weg von zu Hause einen Brownie bei *dieser* Frau? Warum kann ich nicht nach Italien fahren, wenn sich mein Körper nach Meer sehnt? Wieso kann ich nicht wie alle anderen Insta-Storys machen und mich einfach im Moment fühlen? Fünf Minuten Strand aufräumen und danach guten Gewissens drei neue Plastik-Bottles kaufen?

Wahrscheinlich müssen sich die Menschen hier ordentlich zusammenreißen, um nicht den ganzen Tag über uns Weiße zu lachen. Ich würde bestimmt lachen, wenn ich sie wäre, und mich über unsere MacBooks lustig machen, mit denen wir beim Frühstück sitzen und ach so wichtige E-Mails über Corporations mit Rasiererherstellern bearbeiten, über unsere selbst verschuldeten Sonnenbrände und ärmlichen Surfversuche, die wir mit #surfergirl auf Instagram posten, ohne auch nur fünf Meter auf einem Brett gestanden zu haben. Ich würde darüber lachen, wie wir auch nur für einen Moment denken konnten, hier erwartet worden zu sein.

Besonders schlimm sind die Strände, die ganz und gar auf «uns» ausgerichtet sind.

Im surfcampenden Epizentrum Sri Lankas sind die Brownies genauso vorhersehbar wie die makellosen Paarkonstellationen, die Kokosnusswasser aus ihren Bauchnabeln süffeln.

Ich sehe inzwischen nicht mehr nur die wackelig auf ihrem Surfbrett tänzelnde Person vor mir, ich kann mir auch ihren dazugehörigen Account vorstellen (Yoga-Posen bei Sonnenuntergang, deepe Quotes zur Selbstliebe bei den Porträts), wenn sie hinterher das Smartphone zückt. Irgendwer hat den Moment bestimmt festgehalten.

Die Hetero-Pärchen, die verwirren uns am meisten. Rein optisch könnte man jeden hier mit jedem verkuppeln – würde es langfristig wirklich einen Unterschied machen, ob Jetset-Jenna jetzt mit Crunchy-Chris oder Horny-Henry und Loco-Luca mit Abs-Abby oder Juicy-Jule? Wie haben sie bitte schön ihre Auswahl getroffen? Nach den Farben ihrer Surfbretter? Romantisch sieht hier alles so austauschbar aus wie in einem skandinavischen Designermöbelkatalog. Dieser Tisch zum Beispiel wäre auch schön. Wenn nicht, auch okay. Alles passt bis ins letzte Detail zusammen, angefangen bei den gebräunten Oberschenkeln bis hin zum locker gewellten Haar, den spärlich verteilten Küssen und schweigend verbrachten Abendessen.

Wer sich hier sucht, kann das lange tun – zumindest, wenn ihr mich fragt. Ich habe weder das Gefühl, mir auf spirituelle Weise nähergekommen zu sein, noch sonderlich mehr über mich erfahren zu haben.

Ganz im Gegenteil: Ich vermisse es, den Wohnungsschlüssel in meine Tür zu stecken und ein ganz normales Leben zu führen, in dem ich mir Falafel-Sandwiches bei meinem Lieblingslibanesen für 2,50 Euro kaufe.

Der hat zwar wahrscheinlich auch Mitleid mit mir, weil ich seit Tag eins den Anschein vermittle, als Frau nicht über genügend Kochkünste zu verfügen.

Aber wenigstens habe ich bei ihm nicht das Gefühl, die Umwelt zu verschmutzen, während ich mir mein Sandwich hole und mit nasser Jacke zurück durchs kalte Berlin-Wedding laufe.

## Dein Yoga-Travel-Account ist gar nicht das Problem

«Thank you amazing place and people for also giving me
the chance to learn so much about myself.»
**JEDER TRAVEL-BLOGGER, JEMALS.**

Alterstechnisch trennten mich vier Monate und zwölf Tage
von Fee. Unsere Mütter kannten sich schon, als wir noch
schwerelos in ihren Bäuchen schwebten. Keine von uns beiden
konnte sich aussuchen, ob wir später Spielkameradinnen sein
würden. Es sollte uns eine Freundschaft verbinden, die in erster
Linie darauf beruhte, in der unmittelbaren Nähe aufzuwachsen.
In unserem Fall: zwei Straßen und eine Kreuzung im östlichen
Randgebiet von Wien-Donaustadt.

Wir gingen ein paar Jahre auf dieselbe Schule. Sie lernte La-
tein, ich geometrisches Zeichnen. Nach dem Unterricht fuhren
wir gemeinsam mit dem 26a nach Hause, sofern wir zur selben
Zeit Schulschluss hatten. Noch heute erinnere ich mich an die
Deklinationen, die sie automatisiert aufsagte. Erste Sätze, die
sie beherrschte. Mihi nomen est Fee. Quod nomen est tibi?

Sie wohnte mit ihrer Familie in einem großen Haus mit Flach-
dach und Sauna.

Ihre Mutter buk jeden Tag frisches Brot, und wenn sie in
den Urlaub fuhren, dann in ihr Ferienhaus nach Spanien. Zu
ihrem neunten Geburtstag bekam Fee einen schwarzen Labra-
dor. Spike. Manchmal durfte ich mit spazieren gehen, wenn ich
vorher anrief.

Fee war ein großzügiges Kind, das viel lachte. Ich kann mich
noch an ihre Halloween-Party erinnern, zu der ich extra eine

Stunde früher kommen durfte, um unsere Lieblingssüßigkeiten vor dem Eintreffen der anderen auszusortieren. Sie steckte sich eines der Würmchen in die Nase. Es gibt Fotos davon.

Obwohl ich selbst kein Klavier hatte, waren Fees Stunden irgendwo auch meine. Sie brachte mir die wichtigsten Stücke für Anfänger bei, bis ich nicht mehr mitkam.

Pünktlich zu ihrem 13. Geburtstag stapelten sich angesagte Modezeitschriften auf dem Nachttisch. Es gab Nachmittage, da blätterten wir sie bulimisch von hinten nach vorne durch, ohne zwischendurch aufzuhören. Stets im Wissen darum, dass es noch ein paar Jahre dauern würde, bis wir genug Brüste hatten, um dieselben Ausschnitte wie unsere Modelvorbilder auszufüllen.

Fee hatte alles, was man sich wünschen konnte. Sie sah gut aus mit ihren glatten, langen Haaren. Ihre Eltern waren das, was man unter «glücklich verheiratet» versteht, und hießen die Freundinnen ihrer Tochter stets willkommen.

Mit 15 änderten sich unsere Interessen. Ich verbrachte viel Zeit beim Volleyballtraining mit meiner Mannschaft und vergaß immer öfter, abends anzurufen. Irgendwann schickten wir uns nur noch gegenseitig pflichtbewusste SMS zum Geburtstag.

Umso erstaunter war ich, als ich Fees Instagram-Profil vor ein paar Monaten wiederfand. Sie hat nach ihrem Marketingmaster ein Jahr Auszeit genommen, um zu reisen. Von Sri Lanka nach Malaysia und von Malaysia nach Thailand. Von Thailand sollte es schließlich für ein halbes Jahr nach Australien gehen.

Ich scrollte mich durch ihren Feed. Einen Feed, den ich so schon hunderttausendmal gesehen hatte. Im Mittelpunkt des Geschehens steht eine schöne Frau Mitte zwanzig und das, was sie isst, tut und anhat. «Living life, surfing, kiting, laughing and exploring to the max» steht unter einem Selfie von Fee am Strand. Ist das wirklich «meine» Fee? Das Mädchen, das ich vor zehn Jahren zum letzten Mal gesehen habe?

Das Foto zeigt sie mit Beachwaves und perfektem Lächeln am Strand. Ein Lächeln, das sicher nicht ausschließlich daherkommt, dass sie inzwischen das 1 × 1 des Yoga gelernt und «Push» von «Pull» unterscheiden kann.

Die Träger ihres Höschens sind hochgezogen, sodass man ihre Thigh-Brows sieht. Fee gibt auf ihrem Profil Tipps für ein gutes Leben. Mindestens acht Stunden Schlaf, ausreichend Obst und Gemüse essen, auch mal eine Runde joggen gehen. Inspirierende Bücher lesen und selbst gebrühten Kaffee trinken – am besten auf dem Balkon mit Meerblick. Sie spricht genauso wie der Dude aus Sydney, Marketing-Specialist aus Brüssel und die Influencerin aus Stockholm darüber, dass jeder das werden kann, was er möchte, wenn er oder sie nur fest genug daran glaubt. Und wenn man auf seinen Job oder sein Studium keinen Bock mehr hat, dann «könne man ja schließlich auch etwas anderes tun». Zumindest, wenn die Eltern hinterher für den neuen Lifestyle blechen.

Profile wie Fees gibt es in der Instasphäre wie – *haha* – Sand am Meer. Sie zeigen das Leben von relativ reichen, relativ weißen, relativ heterosexuellen Backpackern Mitte zwanzig, die anderen Binsenweisheiten wie «Live your Dreams» unter die Nase reiben, ohne eine Ahnung davon zu haben, mit welchen Problemen diese gerade im kalten Österreich zu kämpfen haben.

Während Fee 8000 Kilometer entfernt von zu Hause erklärt, wie sie ihre Ängste und Selbstzweifel (#healing) bei einer Yoga-Session «erfolgreich loswird», und davon ein sexy Foto mit pediküerten Zehen und offenen Haaren postet, sitzt eine alleinerziehende Mutter in einem Wiener Büro für Versicherungsangelegenheiten und wird von ihrem Chef angeschnauzt, weil sie den 15. Fall heute nicht schnell genug bearbeitet hat.

Kurze Zwischenfrage: Kann man die innere Transformation zu einem besseren Menschen auch erreichen, wenn man dafür keine 1000 Euro für ein Flugticket hinblättert? Wenn man keine morgendliche Yoga-Session vor einem 200 Meter langen Pool machen kann, weil man sich um drei kleine Kinder kümmert und zu spät zur Arbeit ist? Total leicht, diese Selbstheilung.

Das, was mich an Fees Profil stört, ist nicht, dass sie dort ein gutes Leben präsentiert. Mich stört, dass sie und andere Influencer ihr gutes Leben wie eine Selbstverständlichkeit verkaufen, die jeder erreichen kann, ohne dabei zu berücksichtigen, dass anderswo andere Voraussetzungen herrschen. In lässigen Grüppchen von weißen Friedbringern gehortet, fristen vor allem jene ihr Dasein in Südostasien, die es sich leisten können, einfach mal so drei Monate weg zu sein (#lifeyourlive) und keinen fixen Arbeitsvertrag (#entrepreneur) zu haben. Mit Yoga-Matte, Wickeltuch und Turban ausgestattet, kämpfen sie, 11 000 Kilometer entfernt, für eine bessere Welt, indem sie sich in erster Linie um ihre eigene Gesundheit, ihr eigenes Leben und ihren eigenen Beruf kümmern und sich die Praktiken einer fremden Kultur aneignen, die sie durch teure und schweißtreibende Sessions mit anderen weißen Frauen in Berliner Yoga-Studios für sich entdeckt haben. Wow.

Was innerhalb des Travelblogger-Diskurses oft vergessen wird: Nicht jeder ist weiß. Nicht jeder ist normschön und damit ermächtigt, seine Figur in Bademode Größe 36–38 einem Millionenpublikum zu präsentieren, ohne dafür Scheißkommentare zu bekommen. Nicht jeder hat liebevolle, unterstützende Eltern, die einen das komplette Studium unterstützen und bei sich wohnen lassen. Oder noch besser: das WG-Zimmer in einem hippen Innenstadtbezirk bezahlen.

Nicht jeder hat Eltern, die liebevoll Zuspruch leisten, wenn es mal «nicht so dolle» läuft, und nicht jeder hat das Glück, auf einer selbst kompostierenden Hühnerfarm in Dänemark aufzuwachsen und schon von seinen Eltern die Grundfeste eines friedvollen Lebens in die Wiege gelegt zu bekommen: Geld zum Beispiel.

«Thank you amazing place and people for also giving me the chance to learn so much about myself» bekommt eine ganz neue Bedeutung, sobald man einmal verinnerlicht hat, dass das eigene Glück auch von den Privilegien und Vorzügen abhängt, die man wie den Nachnamen vererbt bekommt.

Den eigenen Vorteil auf Instagram wie eine Errungenschaft zu präsentieren, finde ich nicht nur gefährlich, ich finde es auch arrogant. Es vermittelt anderen das Gefühl, etwas falsch gemacht zu haben, wenn sie nicht mit einem Birchermüsli auf dem Schoß aufwachen und statt des Spaziergangs erst mal den Weg zur ganz normalen Arbeit antreten.

Kann das Glück nicht auch zu Hause statt zehn Flugstunden davon entfernt auf mich warten? Für mich wird die Grenze zwischen Inspiration und Angeberei dort überschritten, wo das Schauspiel anfängt und Privilegien als «harte Arbeit» an sich selbst verkauft werden.

Es ist leider nicht der Kopfstand in Unterwäsche, der dich so entspannt und glücklich macht, lieber Yoga-Lehrer und liebe Surflehrerin in spe, sondern der Mangel an Konflikt in deinem privaten und persönlichen Umfeld, der sich nicht wegatmen lässt.

Ich würde wirklich gerne wissen, ob Yoga auch gegen Armut, Gewalt in der Familie, Krankheiten, bevorstehende Operationen, Tod der Eltern, Kündigung, Rentenrückzahlungen, Versicherungsschäden und Alkoholprobleme hilft. Kann man mit Achtsamkeit, Selbstliebe, Me-Time und Dankbarkeit seit neuestem die Miete zahlen? Ja, vielleicht gleich Krebs mit dazu heilen? Ach so, wahrscheinlich ist man sogar noch selbst schuld daran.

Ich weiß nicht, was ich genau sagen werde, wenn ich Fee einmal wiedertreffen sollte. Wie ich ihr meine Bedenken mitteilen kann, ohne als neidisch zu gelten. Anders als ihre 11 000 Follower weiß ich, dass sie andere Startbedingungen hatte als viele. Dass sie immer noch von ihren Eltern unterstützt wird, um sich als

Freelancerin zu etablieren, und genau deshalb auf nichts verzichten muss.

Ich bin enttäuscht, auch wenn wir schon lange kein Wort mehr miteinander gewechselt haben, das nicht von unseren Eltern ausgerichtet wurde. Ich bin enttäuscht, weil Fee und ihre Freunde in einer Parallelwelt der schreienden Ungerechtigkeiten weiterhin so tun, als ob es eine Angelegenheit purer Willensstärke wäre, in dieser Welt zu bestehen, und alle, die es nicht schaffen, nur dieses kleine Stückchen mehr an sich glauben müssten.

## Danke, aber ich scheiß auf mein neues Hobby

«Ein Mensch muss sein Hobby schon sehr schätzen, wenn er es ohne Hoffnung auf Ruhm und Geld ausübt, ja sogar ohne jede Chance, es gut zu machen.»

GILBERT KEITH CHESTERTON

Menschen haben Hobbys. Also, hatten Hobbys – das weiß ich noch aus meiner Kindheit. Tennisspielen, Angeln, Ballett. Kann sich noch irgendjemand an Jiu-Jitsu erinnern?

Im Anschluss an den geregelten Alltag einer weiteren geregelten, wöchentlich genau dosierten Freizeittätigkeit nachzugehen schien für die meisten Mittelschichtsfamilien eine logische Angelegenheit zu sein. Da geht man hin und denkt nicht groß darüber nach, warum. Wichtig ist, Unterwäsche zum Wechseln mitzuhaben und den Ball übers Netz zu kriegen. Zum Beispiel.

Irgendwann zwischen dem ersten Vollrausch und dem dritten Kuss hat sich meinerseits eine gewisse Abneigung gegen strikte Vorgaben anderer eingeschlichen und sich seither auch nicht wieder verabschiedet. Vergebens habe ich versucht, mit 17 weiter zum Volleyballtraining zu gehen und mich von pensionierten Cholerikerinnen maßregeln zu lassen, weil ich die Linie beim Aufschlag übertreten hatte. Auch das mit dem Singen machte keinen Spaß mehr, sobald ich endlich eine Band hatte und mich um die Organisation von schlecht beleuchteten Kellerauftritten im Weinviertel kümmern musste. Und so bin ich seit nun genau sechs Jahren glücklich hobbylos.

Keine Stammtische, zu denen ich trotz Unlust gehen muss. Keine zusätzlichen Weihnachtsfeiern, Sonnwendfeste im Burgenland, Missverständnisse in der Frage aller Fragen: Schlägst du auf oder ich?

2017 sollte alles anders werden, als ich online nach passenden Bewegungsmöglichkeiten für den vernachlässigten Bürostuhlkörper einer 25-Jährigen suchte. Nur anstrengend sollte es nicht sein, also irgendetwas Langweiliges ohne Laufen in Sporthallen und lästige Aufwärmübungen, bei denen man im Zickzack über seine eigenen Beine fällt.

Nach der letzten Premiere von Olivier Dubois im Hamburger Kampnagel war ich der Meinung, Contemporary Dance für mich entdeckt zu haben wie anno dazumal orangefarbene Blocksträhnen und Mittelscheitel. Beim zeitgenössischen Tanz gehen Menschen blitzschnell aufeinander zu und dann wieder weg – kenn ich auch aus dem echten Leben. Was soll daran bitte so schwer sein? Kurs googeln, anmelden, hingehen.

Insgeheim hatte ich darauf gehofft, nicht ganz so schnell fündig zu werden und noch ein paar Wochen lesen statt sporteln zu können. Zu meiner Enttäuschung ist es aber schon am kommenden Montagabend so weit. Ein idealer Tag, um gleichzeitig völlig übermüdet vom Wochenende und vom ersten Arbeitstag zu sein.

Die Menschen um mich herum: voller Hoffnung auf eine baldige Karriere als Spitzentänzerin. Ich: gekleidet in alten Strumpfhosen und unvorteilhaften Langarm-Shirts. Gleich müssen wir die Socken ausziehen. Mit zu vielen nackten Zehen im Raum wirkt alles ein bisschen unangenehm.

Ich muss atmen und «meine Mitte finden», sagt die Lehrerin. Die Haltung wahren, während ich von einem Fuß auf den anderen schwanke, immer im Hinterkopf, dass das alles Spaß machen sollte, sich aber verdammt noch mal nicht so anfühlt wie das Sportlager 2006. Die Wirbelsäule hoch- und runterrollen, den Kopf locker hängen lassen (kann ich!), den Arm heben, die Knie beugen. Alles von vorne, alles fürn Arsch. Wenn es ein Symbolbild für «Nicht im Moment leben» gäbe, es wäre der hier.

Ich denke, dass das so sein muss. Dass aller Anfang schwer ist, da ist jeder schlecht und hilflos und muss lernen von den Besessenen. Ich komme wieder. Nach einer Einheit aufzugeben entspricht nicht meinem Gewissen. Da geht noch mehr.

Nächste Einheit, wieder dasselbe. Ich muss der Stimme der Trainerin lauschen, aber sie spricht nur Italienisch, und ich weiß bis jetzt nicht, was sie mit «Troccento» meint, wenn sie mich zurechtweist. Stunde drei fühlt sich irgendwie zu spät an, um nachzufragen. Ob sie mal zeigen kann, wie das später bei uns aussehen soll? Sie sagt nein. Nach Einheit vier weiß ich immerhin, wie weit mein rechtes Knie über meinen rechten großen Zeh ragen kann, ohne dass die Kniescheibe rausspringt.

Tanzen kann ich noch immer nicht. Ob das überhaupt ein realistisches Ziel ist für dieses bereits fortgeschrittene Leben? Schließlich fangen die meisten Tänzerinnen im Alter von drei Monaten mit den ersten Pirouetten an? Zum Glück kann ich mich nicht im Spiegel sehen. Die Lehrerin weiß schon, warum wir alle in die andere Richtung gucken. Meine Hüfte fühlt sich gut an, wenn ich sie mit purer Willenskraft nach außen drehe. Ein erster Erfolg.

Lilli fasst mir an den Arsch, genauer gesagt, an mein Steißbein. Auch das muss sein. Knapp verfehlt sie mein Arschloch, während sie mich vorwärts «schiebt». Wir sollen so gegenseitig Vertrauen fassen und unser Becken spüren (oder so). Ich frage mich, ob ich jemals Vertrauen lernte, während jemand seine Finger in der Nähe meines Anus hatte.

Die nächsten Einheiten nutze ich dazu, bevorstehende journalistische Aufträge geistig durchzuspielen. Ich nehme die Sache nämlich sehr ernst. Auf der Arbeit wissen alle, dass ich um 18 Uhr gehe, um pünktlich beim Training zu sein. Was für ein ordentlicher, verantwortungsvoller und motivierter Mensch und Mitarbeiter ich doch bin. Diesen moralischen Vorschuss kann ich nicht so einfach wieder aufgeben! «Sport macht sie auch noch!», höre ich die Kollegen in meiner Vorstellung in der Küche flüstern. Ich habe eine Regelmäßigkeit geschaffen, obwohl ich sie hasse, und zwinge mich dazu, dranzubleiben, ohne Freude zu empfinden. Was für ein Erfolg.

Was soll das eigentlich? Warum bin ich hier statt draußen im Park mit meinen Freunden? Ich würde jetzt gerne ein Panini mit Ziegenkäse und Artischocke essen. Und während ich so darüber nachdenke, was alles besser wäre, weiß ich: Es ist vorbei. Ich scheiß auf mein neues Hobby, weil ich ein erwachsener, selbstbestimmter Mensch bin, der sich nicht etwas hingeben muss, das – aus welchen Gründen auch immer – nichts als Unwohlsein bei dem Gedanken daran hervorbringt.

Woran es gelegen hat? Sicherlich nicht an meinem Willen, den ich bewusst gebrochen habe. Vielleicht war es der falsche Kurs, der falsche Tag, die Kompetenz der Lehrerin oder mein nicht vorhandenes Durchhaltevermögen.

Was nicht natürlich kommt, werde ich in Zukunft vermeiden, und wenn es bedeutet, dass ich ab sofort jeden Donnerstag um eins im Schwimmbad liegen und Zeitschriften lesen werde.

Lesen.

Was gibt es Schöneres auf dieser Welt?

## Konzerte sind etwas für Menschen, die gerne auf dem Boden sitzen*

«Ich will meine Hände nicht zum Himmel strecken.
Ich will, dass du das Lied singst, verdammt.»
**FREDI FERKOVA**

Eine Band, die man auf Audio «eigentlich ganz gut» fand, endlich live spielen zu sehen kann sich sehr schnell anfühlen wie das selbst gedrehte Sextape von vor vier Jahren. In der Vorstellung legt man eine Wahnsinns-Show mit perfekt ineinandergreifenden Gliedmaßen hin, ohne bei den unrhythmischen Bewegungen im Hochbett ins Schwitzen zu kommen. In der Realität sieht man genauso würdelos aus wie die anderen Darsteller der in schummrigen Hinterzimmern aufgenommenen Hometapes auf YouPorn. Das will doch keiner sehen?

Keiner will sehen, wie der brustbehaarte Bassist einer 08/15-Band aus NRW oben ohne auf der fünf Zentimeter hohen Bühne eines Durchschnittskellers seine drei Griffe zum Besten gibt, und keiner möchte sehen, wie der Frontmann versucht, die kaum vorhandene Menge mit ein paar ungelenken Klatsch-Moves zum Tanzen zu bringen. Vorbands sind nur ein Grund von vielen, warum ich nicht mehr auf Konzerte gehe.

Dabei gab es eine Zeit, da habe ich tatsächlich schon im November einen Festival-Countdown für die bevorstehende Sommersaison gestartet und jedes verplante Wochenende rot in unseren Familienkalender eingetragen. Von November an

---

* Dieser Text ist in einer älteren Version zuerst auf watson.ch erschienen.

zählte ich die Tage, bis es wieder Dosenravioli und warmes Bier zum Frühstück geben würde, bis ich davon Durchfall oder Verstopfung bekam und mich deshalb voller Scham um 6 Uhr morgens vor allen anderen aus dem Zeltlager aufs Dixi-Klo schlich.

Die verkorkste Toiletten-Situation konnte mich nicht abhalten. Ich hatte Early-Bird-Tickets für jedes noch so ranzige niederösterreichische Camp gekauft und eine Vorfreude kultiviert, die in ihrer Stärke liebevoll fermentierten Champignons glich. Das Auto meines Vaters wurde mit weißem Tape beklebt («I have the car so I make the rules» – LOL), mit Bunsenbrenner, Campingstühlen und Weißwein vollgeladen, bis man durch die Heckklappe nicht mehr hinaussehen konnte[*].

Die Nacht davor konnte ich vor Aufregung kaum schlafen. Und das lag nicht nur daran, dass ich fahren und vorher meine Freunde aus ganz Wien abholen musste. Ich weiß noch, wie ich mir morgens die schwarz gefärbten Haare glättete (Glätteisen – auch so ein Ding der 2000er) und das Top mit der Cupcake-Familie von H&M anzog, um wenigstens an *einem* Tag mit der Digicam passable Fotos für Facebook machen zu können, auch wenn nach den Strapazen der Anreise nicht viel von den Mühen übrig war und ich für den Rest des Spektakels in einem Bikinioberteil plus Jogginghose rumlaufen sollte.

Heute ist die Zeit, die zwischen der Bestellung des Tickets und dem Tag liegt, an dem das Konzert tatsächlich stattfindet, exakt der Abstand, den ich brauche, um jegliches Interesse an einem Event zu verlieren. Selbst wenn es sich dabei um VIP-Backstage-Pässe für Drake handelt. Wieso finden Konzerte auch immer um 21 Uhr nach einem anstrengenden Arbeitstag statt, an dem man nichts lieber machen würde, als sich Diabolo-Pizza direkt unter die Bettdecke zu bestellen?

Jedes Mal kurz vor einem Konzert bin ich *ganz plötzlich* müde

[*]  Ich sag's ungern, Papa, aber ich hätte mein Kind so nicht fahren lassen.

und lustlos. Ich überlege, abzusagen. Ausreden fluten meinen Kopf, die starke Periodenschmerzen triggern. Ich würde gerne ein Schokoladeneis essen, in der Badewanne. Oder ein Essay über Ketchup schreiben. Alles wäre besser, als *jetzt* eine Hose anzuziehen.

Dabei hat der verstauchte Knöchel nach dem Pogen doch einst nach Freiheit geschmeckt? Und der Liter säuerlicher Wein für vier Euro, den man vor Einlass mit seinen zwei besten Freunden exte, ohne dass die Security davon Wind bekam, irgendwie auch. Selbst die eitrige Angina am übernächsten Tag hat man für zwei verpixelte Selfies bei Sum41 in Kauf genommen, wenn man dafür mit einem süßen Emo knutschen konnte.

Heute muss man für Konzerte erst mal eine halbe Stunde anstehen, um die Jacken abzugeben. Danach folgen: eine halbe Stunde auf dem Klo, eine halbe Stunde an der Bar. Wenn man Glück hatte: 0,2 Liter Weißwein für 5 Euro – und 30 Minuten unerwiderte Bewunderung.

Erst letztens habe ich wieder den Fehler gemacht und bin zu einem Konzert einer dieser gehypten Indie-Bands gegangen, für das man früher, ohne mit der Wimper zu zucken, eine vierzigminütige Anfahrt mit dem Fahrrad aus Kaffhausen in Kauf genommen hätte. «Die Stimmung muss genügen!», lüge ich mir selbst ins Gesicht, während 16-Jährige ihre Lebensfreude mit Shots besiegeln und fröhlich vor mir hin und her hüpfen. Gleich bekomme ich ihre Ellbogen ins Gesicht. Ich wünschte, ich hätte dieselbe Leidenschaft, mit der sie sich genüsslich ihre Zigaretten anzünden, für *irgendetwas*.

Leider nein. Stattdessen steht bei Konzerten wie diesen meist ein Kerl Typus Mario Barth direkt hinter mir, der seiner Freundin einen Platz freihält (*no joke*), während ich zeitgleich von einem Typ mit Bier angeschüttet werde. Unabsichtlich natürlich, aber das macht meine Brüste auch nicht wieder trocken.

Ich strenge mich an, von dem Hüftschwung der fünf schlaksigen Endzwanziger auf der Bühne genauso angetan zu sein wie mit hormongesteuerten 17, sehe dann aber leider doch das, was tatsächlich vor mir steht: eine fünfzehn Jahre alte Band, die schon einen Tick zu lange auf ihren internationalen Durchbruch wartet und den Moment verpasst hat, sich coole Tattoos stechen zu lassen. Stattdessen hat sich jede Absage eines Major-Labels als tiefe Stirnfalte in ihr Gesicht geschrieben.

Im schlimmsten Fall werden einst verschmähte Indie-Bands in der harten Realität des Musikbiz genauso größenwahnsinnig und arrogant wie alle Berühmtheiten mit Kleinstaatenproblematik. Das Höschen? Behalte ich bei mir. Ich wäre ohnehin zu faul, es auszuziehen. Außerdem war es teuer. Eine halbe Stunde vor Ende zwänge ich mich an den leuchtenden Augen der Gebliebenen vorbei und atme erst mal tief die Luft des Abends in meine Lungen ein, bevor ich mich auf die Heimfahrt mache.

Wenn ich gute Musik hören möchte, mache ich das zu Hause über meine Anlage. Auf dem Weg zu Terminen übers iPhone, und wenn es sein muss, lass ich mich auch mal zu einer ordentlichen Eskalation hinreißen. Ich soll schließlich nicht umsonst in Berlin gewohnt haben. Aber Massenkonzerte? Festivals?

Inzwischen zähle ich zu den Stubenhockern, die sich ihre Lieblingsmusiker und -musikerinnen bevorzugt zeitverzögert bei einer ARTE-Erstausstrahlung reinziehen statt in einer dreifach überbuchten Mittelklassehalle. Spießig kann so geil sein.

Live-Konzerte sind etwas für Menschen um die 30, die gerne Musikjournalisten geworden wären und sich für eine Titelstory bei der *Spex* den kleinen Finger abschneiden würden, selbst wenn sie dafür nicht bezahlt werden. Die bei allen Konzerten im Umkreis von 140 Kilometern auf «interessiert» klicken, um als Musikkenner zu gelten. Menschen, die die Strapazen für einen ausgelassenen Abend als Lifestyle feiern und lächelnd 100 Euro für die Tickets hinblättern, die sie 24 Stunden vorher doch noch fürs Doppelte verkaufen wollen.

Die, die sich wochenlang darauf freuen, dieselben Tracks wie sonst auch live vorgespielt zu bekommen – für dieses besondere *Fan*-Gefühl, das man verzweifelt versucht, mit mitgenommenen chinesischen Merchandise-Artikeln am Leben zu erhalten. Es sind Menschen, die Händchen halten bei Revolverheld und mit geschlossenen Augen mitsingen.

In den meisten Fällen sind Konzerte nichts für Menschen, die gerne den ganzen Tag alleine Magazine im Bett lesen und dabei Opern hören. Ich will liegen, ich will essen, ich will neben einem sonst sehr erfüllten Leben (okay!) abends gottverdammt meine Ruhe haben und nicht mit 4828844 Horsten und Horstinnen schwitzen und zusammen an unseren Pullovern riechen, um mich quicklebendig zu fühlen.

Ich möchte keine Autos betapen und keine Kästen Bier verladen.

Wer genug Geld hat, die eigene Miete zu bezahlen, muss keine Freiheit mehr schmecken. Er besitzt sie.

## Eine Clique passt nicht
## zu meinem Abgrenzungsbedürfnis

Jedes Mal, wenn ich am Sonntagabend alleine im Bett bei einer dieser Serien hängen bleibe, die sich um eine Clique dreht, die «ganz zufällig» im selben Haus wohnt, frage ich mich, ob das Budget der Produktionsfirma nicht dafür gereicht hat, jedem seine eigene Setkulissen-Wohnung zu gönnen – oder ob es tatsächlich irgendwo in Westeuropa eine Gruppe von Freunden gibt, die gerne zusammen in einem Haus leben würde. Und das länger als einen Sommer lang. Mit schreienden Säuglingen. Ohne geskriptete Dialoge mit den Lachern an der richtigen Stelle.

Mein Unverständnis gegenüber Cliquen hat ungefähr zu der Zeit angefangen, als ich lesen lernte. Schon als ich ein Kind war, mussten meine Eltern lügen, wenn Gleichaltrige auf die Idee kamen, mit mir spielen zu wollen. Ich verstand den Sinn dabei nicht, um acht Uhr abends *rauszugehen*, um dort Sozialkontakt zu suchen. Es war doch dunkel. Außerdem hatte ich genug Spielzeug – und später meinen Computer. Hätte ich meine Freizeit nicht damit verbracht, ohne Unterlass meine Gefühle in Internetforen zu posten, wo ein unwissender 13-Jähriger auf die Antwort anderer unwissender 13-Jähriger wartete, ich könnte heute vermutlich programmieren und müsste mein Geld nicht mit dem Verscherbeln trauriger Kindheitserinnerungen verdienen.

Skiwoche in Bad Hofgastein* also.

---

* Ja. Das macht man als Kind in Österreich.

Sitznachbarin Uno, Duo und Tre schliefen mit mir in einem Zimmer. Das war ganz sicher nicht meine Entscheidung, aber Einzelzimmer gab es nur für Erwachsene, als ob das Anrecht auf Privatsphäre von der Körpergröße und den bereits verlebten Traumata alleine abhing.

Die Bettenlager sollten den Zusammenhalt fördern, sagte man mir, und gute Anekdoten für später produzieren. Während ich Pokémon (gelbe Version, what else) spielte, warteten die Mädchen auf den Jungen mit der Gelfrisur. Gelfrisur tanzte ein bisschen Breakdance im Mehrzweckraum. Also so, wie das *weiße* Jungs seines Alters zustande brachten, und präsentierte dabei stolz seinen Haarschnitt, den sich nur Menschen aus den 2000ern gegenseitig antun konnten.

Nach seiner Einlage kam Gelfrisur wieder mit in unser Zimmer, und so schloss sich zeitgleich mit dem unbeholfenen Balztanz dieser pubertierenden Jugendlichen bei mir das Kapitel Gruppenaktivitäten unwiederbringlich.

Von nun an ging es nicht mehr darum, was *ich* wollte. Es ging nur noch darum, was die Masse wollte. Was meine Zimmernachbarinnen anziehen wollten, um bei den Burschen aufzufallen. Welches Spiel wir spielen und welches Essen essen würden. Meistens wollten sie etwas anderes essen, schauen, machen, unternehmen, hören oder lesen als ich.

Trainingslager mit dem Sportverein? Skikurse, Sommerlager, Ferien mit Freunden? Ich war nicht für Hürdenläufe dieser Art zu begeistern. Dabei war es nicht einmal so, dass ich keine Freunde hatte. Ich mochte es nur nicht, wenn sich meine Lieblingskandidatinnen zu einer Gruppe hirnloser Papageien zusammenschlossen, um gemeinsam dümmer zu sein, als es nötig wäre.

Ich mochte die Dynamiken nicht, die sich entwickelten, wenn zu viele Menschen desselben Alters und Milieus zusammenkamen, um Spucke und Zigaretten auszutauschen, und dabei die

Grundfeste meiner Empathiefähigkeit zum Fall brachten wie einen wackeligen Jenga-Turm. Irgendwo bildeten sich immer Allianzen, und wie im Krieg verspürte auch ich keinerlei Bedürfnis danach, mein Pulver zu früh zu verschießen und dabei ein Bein zu verlieren.

Ein paar Jahre lang gehörte ich auch zu einer «Clique». Sie war sehr, sehr praktisch, vor allem im Sommer, wenn man 15 Jahre alt ist und gemeinsam ins Schwimmbad geht, sich unter Einfluss von Chlorwasser befummelt und die aufgeweichten Finger später in ketchupgetränkte Pommes steckt.

Sie begann zeitgleich mit der Einnahme altersungeeigneter Substanzen, hielt zwei Lady-Gaga-Konzerttourneen, fünf gemeinsame Donauinselfest-Besuche und auf Autorückbänken gewechselte Bikini-Oberteile. Wir waren fünf Mädchen und fünf Burschen. Da lief nie etwas zwischen uns, abgesehen von alkoholisierten Zungenküssen beim Flaschendrehen. Es war die Art von Freundschaft, wie sie Erwachsene heute nur noch bei Indie-Filmfestspielen auf der Leinwand und auf Instagram-Accounts mit pathetischen Bildunterschriften sehen.

Schoko war mein bester Freund. Er hatte das Gemüt eines sorglosen Chaoten und wusste genau, wie viel Aufmerksamkeit ich brauchte, um durch den Tag zu kommen. Ich möchte keinen der Momente missen, in denen wir bei 40 Grad Ottakringer* aufs Novarock-Festival transportierten, uns gegenseitig beim Aufbau der Zelte und später beim Verbinden der blutigen Füße halfen, die so eine Bierchallenge am glorreichen ersten Tag meist zur Folge hatte.

Wir hatten eine eigene Facebook-Gruppe. Wir sahen uns jedes Wochenende. Wenn jemand in den Urlaub fuhr, gab es tränenreiche Abschiedsfeiern wegen 16 lächerlichen getrennt verbrachten Tagen, die uns bevorstanden. Eines Tages stieß ein

---

* Wiener Bier

neues Mädchen zu uns. Schoko und Banane hatten Fleck beim Feiern kennengelernt, und da sie in unser aller Nähe, genauer gesagt, in der Mitte zwischen den beiden am weitesten entfernten Wohnorten in einem großen Haus mit abwesendem Vater wohnte, eignete sich das Quartier als idealer Ort, um gemeinsam Bong zu rauchen und abzustürzen. Fleck war prinzipiell ganz in Ordnung.

Ganz im Ernst: Sie *war* in Ordnung. Sie war klug. Sie war lustig. Sie spielte *nicht* Ukulele. Sie hörte Queens of the Stone Age. Und doch veränderte sie mit ihrer Anwesenheit nach und nach eine eingespielte Dynamik, indem sie ungewollt zum Mittelpunkt unserer alteingesessenen Clique wurde. Als sie mit Schoko zusammenkam, war das Gleichgewicht endgültig gekippt. Banane war beleidigt, dass sein bester Freund keine Zeit mehr für ihn hatte, und beschwerte sich bei Linde, die sich gleichzeitig sehr gut mit Fleck verstand, was zu seltsamen MSN-Konversationen zwischen uns allen führte. Dass Fleck keinen Techno mochte und Schoko schon, machte die Sache feiertechnisch nicht unbedingt einfacher.

Schoko und ich hatten immer ein gutes Verhältnis. Wir kannten uns, seit wir elf waren, und spürten noch Jahre später eine Verbindung, die nur in diesem speziellen Zeitraum zwischen zwölf und siebzehn und der gemeinsamen Gefangenschaft in einer Wiener Vorstadtidylle entstehen kann.

Fleck hatte versucht, sich mit mir anzufreunden. Die Clique fing an, sich zu spalten.

Niemand wollte bewusst irgendjemanden ausschließen, aber die Abende, an denen ich nicht dabei war, häuften sich. Ich fand neue Freunde an der Universität, eine Konstellation aus vier Menschen, die mir schon sehr bald näher waren als meine alte Clique. Ich hatte keine Lust mehr, nach den Studieneingangsprüfungen um die Aufmerksamkeit einer ganzen Horde an Menschen zu kämpfen. Zwei, drei, vier Leute, das lässt sich schon alleine planungstechnisch besser überblicken als ein Haufen von zehn.

Sosehr ich mich manchmal nach dem Gefühl sehne, nach einer durchzechten Nacht auf dem Festivalgelände neben Schoko, Fleck und Banane aufzuwachen und in eine Runde bekannter, verschlafener Gesichter zu blicken, die ich liebe: Ich kann das nicht mehr. Es funktioniert einfach nicht. Nicht für mich.

Ich habe es sogar herausgefordert und bin in ein Haus mit vier Fremden gezogen, die ich nur aus dem Internet kannte. Wenig überraschend, hatten wir uns nicht besonders viel zu sagen. Nicht mit Mitte, nicht mit Ende zwanzig und einer getrennt verbrachten Vergangenheit. Wir würden weit in unseren Dreißigern sein, bis die verzelteten und verzwickten Anekdoten auf Autoraststätten und schäbigen Hostelbetten verlebt wären, die den Glue ausmachen.

Wir hätten etwas unternehmen müssen. Statt Einladungen lagen Abwesenheitsnotizen auf dem WG-Wohnzimmertisch. Es gab gemeinsame Spieleabende, die Zwangsveranstaltungen im Altenheim glichen, und ich entschied mich relativ bald, wieder auszuziehen.

Wahrscheinlich ist auch das nur eine weitere Erfahrung als heranwachsender Mensch: die Realisierung dessen, wie viele Versuche man verkraften kann.

Sosehr ich die Unbeschwertheit verregneter Sommertage im Zelt mit meiner Clique vermisse, in der wir uns von Gulasch ernährten, bis einer nachts auf dem Weg zum Pinkeln den ganzen Topf umwarf, so wenig fehlt mir die lockere Ungezwungenheit in Momenten, in denen es darauf ankommt. Wen von diesen zehn Personen kennt man schon wirklich? Wen kann man anrufen, wenn man einen Autounfall hat – und nicht den nächsten Trip planen möchte? Die meisten Cliquen halten so lange, bis das Level an Oberflächlichkeit durchgetragen wurde – und zersetzen sich dann in ihre Einzelteile.

Als ich mich Stück für Stück von meiner Clique entfernte, wurde ich automatisch seltener gefragt, ob ich irgendwohin mitkommen möchte. Für den Spaß in der Gruppe war es relativ unwesentlich, dass ein Mitglied in der Kette der losen Zufallsbegegnungen fehlte.

Heute bevorzuge ich Einzelmenschen. Menschen, mit denen ich mich alleine treffe, denen ich von dem erzähle, was mich beschäftigt, und umgekehrt. Klingt langweilig? Vielleicht. Ich hatte nicht mehr die Muße, darum zu kämpfen, Menschen auf den kleinsten gemeinsamen Nenner zu quetschen.

Heute bin ich froh, dass beim Scheitern einer Beziehung nicht gleich mein komplettes soziales Umfeld auseinanderdriftet. Dass es niemanden gibt, der Partei für jemanden ergreifen muss. Das Beste daran, kein Cliquenmensch zu sein: dass ich gemeinsam mit der Person, mit der ich gerade einen schönen Abend verbringe, entscheiden kann, wohin es geht, und vorher nicht erst mit sieben anderen Menschen im WhatsApp-Gruppenchat abklären muss, ob es okay ist, vorher noch zwanzig Minuten einen Döner essen zu gehen.

Solange mich nicht jemand vom Gegenteil überzeugt, bleiben Zweier-Teams meine unabhängige Erstwahl, in der sich nicht alles um die Frage dreht, welcher Club als Nächstes betreten wird und wie wir das Bier davor von A nach B transportieren können, ohne einen Mietwagen zu mopsen.

Die Berlinerin und ich kaufen eine Flasche Sekt beim Späti. Wir trinken sie im Gehen.

# Platz 1 der größten
# Enttäuschungen seit dem Maturaball:
# Geburtstagsfeiern

**A**ls Kind habe ich nie verstanden, warum erwachsene Menschen sich nicht auf ihren Geburtstag freuen. Ist doch etwas Schönes, älter zu werden. Immer noch fröhlich Ressourcen auf diesem Planeten zu verbrauchen, zu viele mit Antibiotika vollgepumpte Schnitzel essen, vom Lärm der Bar unter einem in regelmäßigen Zyklen nachts geweckt zu werden und dann schlecht gelaunt als Business-Clown zur verhassten Arbeit zu fahren, ohne, wie vor Monaten ausgemalt, mit einem Knall zu kündigen.

Erst als ich mit Anfang zwanzig versuchte, meiner Vergangenheitsbewältigung mit einem Umzug zu entfliehen, habe ich verstanden, was der wahre Grund der Geburtstagsabneigung vieler Menschen ist. Es ist nicht so sehr die Angst vor Falten oder dem Tod. Es ist die Angst, vergessen zu werden. Wie die eigene Großmutter, die man seit Ostern 2015 nicht mehr gesehen hat. Oops! Weil irgendwie ist das ja auch unangenehm, diese ganze Sache mit dem baldigen Sterben und so.

An meinem 26. Geburtstag zähle ich neun Nachrichten. Eine von meiner Tante, eine von meinem Vater, jeweils eine von meinen engsten Freundinnen. Eine von meiner Chefin. Die Berlinerin meldet sich via Facebook-Messenger. Meine Mutter ruft mich an. Das war's. Die Benachrichtigung auf Facebook ist ausgeschaltet.

Ist es schlimm, dass ich zähle? Der ganze Geburtstag ist so besonders wie jeder andere Dienstag. Gar nicht. Ich sehe aus wie das Jahr zuvor. Ich trage sogar dasselbe T-Shirt zum Schlafen. Ich bin nicht reicher geworden und auch nicht wesentlich klüger, wenn ich einen Blick auf mein Bücherregal oder wahlweise meinen Kontostand werfe. Und anscheinend habe ich auch noch richtige Scheißfreunde.

Scheißfreunde, die zu Hause gemütlich in ihren liebevoll eingerichteten Stylo-Wohnungen auf einem Acapulco-Stuhl mit Hund am Schoß frühstücken, Espresso nippen und ganz stark nicht an mich denken. Ich verurteile mich für diese Gedanken. Ich verurteile meine Freunde für ihre Ignoranz. Kurz habe ich sogar überlegt, ob ich ein analoges Feierfoto vom Sommer auswählen und mit einer emotionalen Caption versehen auf Instagram posten soll, um andere an mich zu erinnern und mein kränkelndes Ego zu befriedigen. Um mir die Wertschätzung künstlich zu holen, wie es alle anderen tun.

Dann ist mir während meines kleinen Anfalls wieder eingefallen, dass sich die meisten Menschen kollektiv auf das geliebtverhasste Netzwerk für Eltern und Hundebesitzer verlassen, als ob es sich dabei um eine gut organisierte Sekretärin handeln würde, und damit jegliche Verantwortung ablegen, auch mal wieder das Hirn einzuschalten. Ich weiß, ganz rational betrachtet, dass es keinen Unterschied macht, ob mir mein *Nachbar* gratuliert oder nicht. Dass Menschen mittlerweile nur noch das wahrnehmen, was ihnen Facebook vor die Nase hält, was das Netzwerk am Tag selbst in ihre Timeline spült. Ein Geburtstag ist doch nun wirklich *scheißegal*, sage ich mir. Nur ein Tag, an dem sich die Zahl hinter der Zwei in Richtung oben bewegt.

Das Unangenehme, so analysiere ich das zumindest, ist viel mehr, zu sehen, dass es den anderen *auch* so geht. Dass man die Hoffnung hegt – obwohl man selbst nicht besser ist –, trotzdem einen schönen Tag präsentiert zu bekommen. Ein Kuchen zum Frühstück wäre nett. Eine Umarmung. Eine kleine Überraschungsfeier vielleicht. Nur: Wer soll die organisieren? Gibt es noch Menschen, die einem Überraschungsfeiern organisieren, mit Dunkelheit im Flur und plötzlichem Herzstillstand, wie man das aus US-amerikanischen Kassenschlagern kennt? Ich habe selbst noch nie eine organisiert, und ich kenne niemanden, der seit seinem 22. Geburtstag im Studentenheim eine organisiert bekommen hat.

Na ja, jedenfalls hat mir an diesem besagten Tag eben auch keiner irgendetwas organisiert. Auch eine besondere Spezialität meines Gemüts: Um nicht enttäuscht zu werden, mache ich mir keine Hoffnungen und rechne immer mit dem Schlimmsten. Wenn dann das Schlimmste eintritt, ärgere ich mich darüber, warum ich mich dank des klitzekleinen Fünkchens Hoffnung so schlecht auf diesen Moment vorbereitet habe.

Eine Möglichkeit, weniger enttäuscht zu sein, ist, die ganze Sache einfach selbst in die Hand zu nehmen und eine kleine Feier zu organisieren. Dafür eignet sich zum Beispiel das Hinterzimmer jeder x-beliebigen Raucherbar mit dem seit 1985 nicht mehr gewechselten Mobiliar. Drinks für 3 Euro, irgendjemand darf DJ spielen oder eine Playlist mit Katy Perrys besten Remixes laufen lassen und so tun, als ob. Kein Dresscode. Kein *Pressure*. Jeder ist willkommen! Also lädt man erst mal alle Leute ein, mit denen man im letzten Jahr Kontakt hatte. Auch wenn sie in Amsterdam wohnen und ganz sicher nicht für diesen Abend einfliegen werden.

Man lädt ein auf Facebook, als ob es kein Morgen gäbe, und denkt sich *fancy* Titel für die Einladung aus. Ganz wichtig ist auch ein Foto für die Veranstaltung, auf dem man im Sommer 2008 halb nackt und besoffen im Gras liegt. Der Erinnerung wegen! So weckt man das Gefühl, auch noch heute – zehn Jahre später – ein total *crazy* Kauz zu sein, mit dem man Tequila-Shots aus Augäpfeln Fremder trinken kann, selbst wenn man in Wahrheit 98 Prozent seiner Tage um 22.30 Uhr mit einer Tasse Tee im Bett beendet.

Der Grund, warum ich selbst keine Feiern mehr organisiere, ist nicht unbedingt der Tatsache geschuldet, dass damals, im Herbst 2007, als meine Eltern gerade auf einem Roadtrip durch Kalifornien waren, ein bisschen etwas schiefgegangen ist und wir Peppi nach seinem Fahrradunfall und den anschließenden fünf Shots erst in der ausgehobenen Poolgrube unserer Nachbarn fanden, nachdem uns seine Abwesenheit eine Stunde lang nicht aufgefallen war. Nein. Der Grund ist jede Geburtstagsfeier, auf der ich in den letzten drei Jahren war.

Selbst manche Beerdigung hatte größeres Lustpotenzial.

Geburtstagsfeiern sind in etwa so spontan und ungezwungen wie ein Mittagessen mit dem Exfreund. Also mit dem *einen* Exfreund, mit dem man im Guten auseinandergegangen und tatsächlich Freunde geblieben ist. Man freut sich schon, die andere Person zu sehen, aber man hat auch ein bisschen Bauchweh, das man mit einer halben Pille Mefenem betäubt. Man weiß weder, was man anziehen, bestellen noch sagen soll. Immerhin hat man beim Essen mit dem Ex seine volle Aufmerksamkeit, sei dazugesagt, wohingegen man bei der Geburtstagsparty von Bekannten höchstens ein «YOOO! Schön, dass du da bist!» und später ein ungeschicktes Zuprosten bekommt, das mit einem Fleck auf dem neuen weißen Pulli von COS enden wird. Wenn es gut läuft.

Dann gibt es noch diese Feiern, auf die man absichtlich anderthalb Stunden zu spät kommt, damit man ja nicht die erste Person ist, und dann ist man trotzdem die erste Person. Obwohl man mit dem Feiernden gar nicht so gut befreundet ist, um mehr als drei Minuten nebeneinander auf die U-Bahn zu warten, zum Beispiel, und dann auch nicht weiß, was man reden soll, weil man zuletzt vor vier Jahren mehr miteinander zu tun hatte. Beruflich. Genau deshalb kommt man ja über eine Stunde, fast *zwei* Stunden zu spät, weil man denkt: Die Anfangszeit ist für die richtigen Freunde reserviert, die das erste Glas Sekt gratis bekommen, einem die feuchten Hände halten und Trost spenden, falls doch keiner kommt.

Gerne wird die Veranstaltung, die man einen Monat vorher organisiert hat, heruntergespielt, um sich ja nicht eingestehen zu müssen, dass die meisten Menschen unzuverlässige Wegbegleiter sind, die deinen Geburtstag für ein erstes Tinder-Date sausen lassen. Selbst wenn es schlecht ist. Ja, dass alles besser ist, als auch nur ein Mal an die Möglichkeit zu denken, dass die eigene Anwesenheit eventuell jemand anderem etwas bedeuten könnte.

Ich kann mich noch an eine meiner letzten Partys erinnern und die SMS, die ungefähr zu der Zeit eintrudelten, als es so richtig losgehen sollte. «Sorry Bianca, ich hatte gestern echt einen schlimmen Tag auf der Arbeit und ich muss mich erst ein bisschen erholen, bevor ich mich wieder unter Menschen traue. Tut mir leid!» oder «Hey du, danke für die Einladung, aber ich schaff es heute leider nicht mehr. Lass uns nächste Woche was essen, o. k.?» (ja, klar) oder «Hey Bianca, du weißt doch, das mit mir und irgendeinem Typen, an den du dich nicht mehr erinnern kannst, lief das letzte Jahr nicht so gut, aber stell dir vor, er kommt das Wochenende doch noch aus Kopenhagen und ich kann wirklich nur heute Abend mit ihm abhängen, bevor er morgen wieder wegfliegt. Du verstehst das bestimmt?» (Nein, tue ich nicht.)

Absagen *generell* sind grenzwertig, wenn sie dann allerdings auch noch genau in der Sekunde kommen, in der man stattdessen mit einem «Bin gleich da» gerechnet hätte, ist die Laune zumindest bei mir LVL-Tiefkühlfach. Da stehe ich dann, mit Chips und Drinks und einem kurzen Höschen ausgestattet in der Küche wie Bridget Jones und fühle mich mehr Druck ausgesetzt als bei meinem letzten One-Night-Stand mit dem Musiker.

Meist kommen dann doch alle ungefähr rechtzeitig, bis auf fünf Personen. Und man freut sich sehr, die Exil-Grazerin das erste Mal seit drei Jahren wiederzusehen und Struppi aus dem

Kindergarten-Ballettkurs. Und gleichzeitig weiß man: Diese Sache hier ist gerade noch mal gut gegangen. Der Raum sieht nicht zu leer aus mit seinen erwartungsschwangeren Luftballons und Lichterketten. Die Gespräche haben sich entwickelt, und wenn schon nicht ich, dann sind zumindest hoffentlich meine Gäste auf ihr zweites Stück Karottenkuchen gekommen, und ich durfte währenddessen für einen klitzekleinen Moment auf der nicht besuchten Tanzfläche vergessen, wie schwer mir diese Form der sozialen Aufdrängung fällt, und den Abend als einen schönen genießen.

Vielleicht schmeiß ich für meinen 27. doch eine Party. Aber nur eine ganz, *ganz* kleine. Für diesen einen Abend stell ich sogar die Benachrichtigungen auf Facebook wieder ein.

Wäre dieses Buch ein Film, ich hätte schon ein passendes Ende parat. Ich laufe leicht gebräunt mit lockigen Haaren und kurzen Shorts die Straße hinter dem Gartenhaus meiner Großeltern in Dunajská Lužná entlang, und während sich die Abendsonne über dem Kornfeld neigt, läuft «Praying» von Kesha im Hintergrund auf voller Laustärke. Ich fühle mich wie alle Charaktere im Abspann, die eine lange Reise voller Bösewichte und versteckter Fallen gemeistert haben: fertig – und von den Übeln dieser Welt geheilt. Ich werfe einen kecken Blick über die Schulter zum Kameramann, der auch noch zufällig mein fester Freund ist, und grinse.

*  *  *

Im echten Leben sitze ich in einer Küche im Süden Stockholms und versuche, meinen Twitter-Account zu reaktivieren. Einen Monat zuvor habe ich einen kleinen Shitstorm wegen einer Headline abbekommen, die nicht von mir war – und wurde an jenem Morgen von 100+ Mentions im Bett geweckt.

Ich habe den Moment bildhaft vor mir, als ich auf den «Deaktivieren»-Button klickte, mein Macbook schloss und mich fragte: Wie viel ist die Verbreitung eines Artikels wert?

Wie viele Follower. Wie viele Likes. Wie viele Stunden meiner Lebenszeit, die der Akt nach sich zieht, weil ich die Flut an Meldungen selbst bearbeiten darf? Wie viele heimlich Mitlesende werde ich vor den Kopf stoßen, wie viele werden mir entfolgen, weil ich etwas gesagt habe, das nicht mit dem übereinstimmt, was die Masse denkt oder was sie von mir denken – oder andersrum: Wie viele neue Menschen werden sich an mich wenden, weil ich etwas angesprochen habe, das schon länger in ihnen gärt?

Trotz aller Negativa möchte ich heute ein Stückchen Macht zurückhaben, die ich mir über die letzten Jahre erarbeitet habe – und gebe mein Passwort ein.

Mein Passwort stimmt nicht.

Ich gebe es noch mal ein. Wieder nichts. Noch mal. Ein drittes Mal. Ein anderes Passwort. Alle Passwörter, die ich seit meiner Beepworld-Baukastenhomepage kannte, die ich in meinem Gehirn für Notfälle wie solche verstaut habe.

Ich gerate langsam, aber sicher in Panik. Ich rufe den Twitter-Support auf. Ich suche nach meinem Account. Ich suche vergebens. Da steht: Nach dreißig Tagen kann der Account nicht wiederhergestellt werden. Nicht wiederhergestellt werden. Nicht. Wiederhergestellt. Werden. Ich fange an, in mein Kissen zu schreien.

Ich schreie laut.

Ich schreibe den höchsten Tieren des Internets, ob sie mir helfen können. Sie tun ihr Bestes. Sie schreiben E-Mails an den US-Twitter-Support. Sie rufen dort an. Sie halten mich auf dem Laufenden wie nach einer missglückten Blinddarm-OP. Sie sagen, es sei nicht so schlimm. Ich finde, mein Leben ist vorbei. Zumindest mein Leben in diesem Internet.

Es ist alles weg.

Ich weiß nicht, was ich tun soll. Ich kann nicht lesen. Ich kann nicht fernsehen. Ich habe keine Lust auf gar nichts. Wie bei einer richtig miesen Trennung.

Das Einzige, woran ich denke, während ich durch die Stockholmer Altstadt spaziere, ist mein Twitter-Account.

Die ersten drei Tage ist die Wunde noch zu frisch, um mit Verstand über die Katastrophe nachzudenken, die ich selbst verschuldet habe.

Sechs Monate später sieht das Internet schon ganz anders aus.

Es ist nicht so, als ob ich nicht manchmal Lust hätte, meine Gedanken ungefiltert und unmittelbar ins Internet zu schreien, so wie ich es die letzten vier Jahre erlernt hatte. Manchmal überkommt mich der Wunsch, mich noch mal anzumelden. Von vorne anzufangen. Alles anders zu machen.

Die meiste Zeit allerdings, 95 Prozent meines wachen Daseins ungefähr, vermisse ich Twitter nicht. Ich vermisse es nicht, ständig up to date zu sein. Ich vermisse es nicht, morgens zu den Mentions von Eier-Profilen aufzuwachen, die mir einen Rechtschreibfehler mitteilen, noch bevor ich mir mein erstes Brot mache.

Ich vermisse es nicht, dass mich Fremde stalken und bloßstellen können. Ich vermisse es nicht, dass sie mich, für alle Welt einsehbar, als dumme Fotze betiteln können und ihren blanken Hohn als fundierte Kritik.

Aber ich vermisse auch die Menschen nicht, die sich mit ihren geistigen Ergüssen übertrumpfen wollen. Die elitäre Kultur der Pseudoprominenz, die sich vor allem durch Zustimmung im eigenen Zirkel speist und Widerspruch von außen in unterstellter Lächerlichkeit verpuffen lässt. Die sehr, sehr schlechten Witze, die von sehr, sehr einflussreichen Menschen mit sehr, sehr vielen Followern retweetet werden und als Anreiz dienen, dranzubleiben. Weiterzumachen wie bisher für ein bisschen Fame und seine Ideen kostenlos auf einer Plattform zur Verfügung zu stellen, die Häme nicht entfernen lässt, weil sie Klicks und Aufmerksamkeit für Werbekunden verspricht, und dabei trotzdem neue Resultate zu erwarten.

Immer wieder habe ich mich gefragt, ob ich nicht vielleicht

absichtlich das Datum vergessen habe, bis zu dem ich den Account wieder hätte reaktivieren können, sodass ich nicht aktiv Schluss machen musste. Früher wusste ich den Point of no Return auswendig wie meinen Geburtstag und bin zusätzlich auf Nummer sicher gegangen, indem ich fünf Tage vorher bereits wieder abhängig drinnen war, im niemals endenden Strudel an Info-Tweets, Geständnissen, Aufmerksamkeitsdefiziten und Erklärstücken. In der unschuldig konzipierten Parallelwelt des professionell kultivierten und als Ansporn getarnten Selbsthasses.

Dieses Mal nicht.

Dieses Mal habe ich es mir nicht einmal aufgeschrieben.

Ohne es zu merken, habe ich aufgehört.

\* \* \*

Ich schreibe dieses Fragment auf meiner Reise durch Italien. Die Berlinerin und ich betreiben so wenig Sightseeing wie möglich und posten keine Selfies als Beweis unserer Freundschaft. Wir essen Pizza und Spaghetti Carbonara, bis wir ohne Sport entspannt fett werden, und kümmern uns nicht um Kerle. Ich habe niemandem versprochen, dass ich trotzdem erreichbar sein werde. Ich bin einfach weg.

Einfach weg, um mich von hier an nachhaltig um das zu kümmern, was ich in all der von Zwiespalt, Unsicherheit und Kraftlosigkeit geprägten Zeit zwischen Studienende und Berufseinstieg vernachlässigt habe: Gesundheit und Gegenwart. Zwanglose Gemeinschaft in geteilten Schlafzimmern. Neue Perspektiven des Widerstands. Existenz um der Existenz willen.

Eine Realität, die zumindest meine digitale Präsenz weniger braucht, als ich mir gerne einrede.

# ANHANG

# LITERATURVERZEICHNIS

**BERG, SIBYLLE** (2014): Vielen Dank für das Leben. dtv

**BREGMAN, RUTGER** (2017): Utopien für Realisten. Rowohlt Verlag

**BRODER, MELISSA** (2017): So Sad Today. Scribe UK

**BRODER, MELISSA** (2018): The Pisces. Hogarth

**BUCHANAN, DAISY** (2017): How to Be a Grown-Up. Headline Publishing Group

**CAIN, SUSAN** (2013): Die Kraft der Introvertierten. Goldmann Verlag

**FRANZEN, JONATHAN** (2012): Freiheit. Rowohlt Verlag

**HAVRILESKY, HEATHER** (2017): How To Be A Person In The World. Anchor

**ILLOUZ, EVA** (2007): Der Konsum der Romantik. Suhrkamp Verlag

**KOBEK, JARETT** (2013): I hate the internet

**KUREISHI, HANIF** (2009): Das sag ich dir. Fischer Verlag

**LUHMANN, NIKLAS** (1994): Liebe als Passion. Zur Codierung von Intimität. Suhrkamp Verlag

**OLSON, MANCUR** (1965): Die Logik des kollektiven Handelns: Kollektivgüter und die Theorie der Gruppen. Mohr Siebeck

**PALMEN, CONNIE** (2007): Du sagst es. Diogenes

**PENNY, LAURIE** (2014): Unspeakable Things. Bloomsbury

**POEHLER, AMY** (2014): Yes Please. HarperCollins

**ROTMAN, DAVID** (2013): How Technology is Destroying Jobs. In: MIT Technology Review

**WERNER, MARKUS** (2006): Am Hang. Fischer Verlag

**WILLIAMS, RAYMOND** (1983): Keywords: A Vocabulary of Culture and Society. Fontana, London

## Vorträge

**AJAYI, LUVVIE:** Get comfortable with being uncomfortable: https://www.youtube.com/watch?v=QijH4UAqGD8

**GÜMÜŞAY, KÜBRA:** Organisierte Liebe: https://www.youtube.com/watch?v=BNLhT5hZaV8

## Artikel

**BRANDT, MATHIAS:** Die guten Vorsätze der Deutschen. Erschienen am 14. Dezember 2017. In: Statista.com. https://de.statista.com/infografik/781/gute-vorsaetze-fuer-das-neue-jahr/ (Letzter Aufruf: 13. 3. 2018)

**DPA:** Das verlorene Lächeln: Victoria Beckham wird 40. Erschienen am 16. April 2014. In: Welt. https://www.welt.de/newsticker/dpa_nt/infoline_nt/boulevard_nt/article127008962/Victoria-Beckham-wird-40.html (Letzter Aufruf: 21. 2. 2018)

**EISMANN, SONJA:** Das Problem heißt Macht. Erschienen am 8. Juni 2018. In: missy-magazine.de https://missy-magazine.de/blog/2018/06/08/das-problem-heisst-macht/ (Letzter Aufruf: 16. 7. 2018)

**FRENCH, KATHLEEN:** The Ex-Files. Erschienen am 2. April 2015. In: Slutever.com https://slutever.com/seeing-an-ex-after-a-breakup/ (Letzter Aufruf: 27. 6. 2018)

**GERHARDT, DANIEL:** Haben die jungen Leute das verdient? Erschienen am 17. März 2016. In: ZEIT Online. https://www.zeit.de/kultur/musik/2016-03/annenmaykantereit-generation-y-rockband (Letzter Aufruf: 26. 6. 2018)

**HERRNBÖCK, ANNA LUCIE:** Von Freundschaft und Beziehung: Warum ich ständig ein schlechtes Gewissen habe. Erschienen am: o. A. In: ZEITjUNG. https://www.zeitjung.de/schlechtes-gewissen-freunde-beziehung/ (Letzter Aufruf: 13. 5. 2018)

**JANKOVSKA, BIANCA:** Emotional Labour: Bitte Lächeln. Erschienen am 19. Dezember 2017. In: ZEIT Online. https://www.zeit.de/arbeit/2017-12/sexismus-emotional-labour-freundlichkeit-frauen (Letzter Aufruf: 27. 6. 2018)

**JANKOVSKA, BIANCA:** 5 Dinge, die jeder kritische Rezipient über Onlinejournalismus wissen sollte. Erschienen am 4. Juli 2016. In: groschenphilosophin.at http://www.groschenphilosophin.at/2016/07/5-dinge-die-jeder-kritische-rezipient-ueber-onlinejournalismus-wissen-sollte/ (Letzter Aufruf: 26. 6. 2018)

**JANKOVSKA, BIANCA:** Im Team Brainstormen ist wie Lebenszeit im Klo runterspülen. Erschienen am 31. Juli 2017. In: https://ze.tt/im-team-brainstormen-ist-wie-lebenszeit-im-klo-runterspuelen/ (Letzter Aufruf am 17. 7. 2018)

**JANKOVSKA, BIANCA:** Eine Million Gründe, warum ich nie wieder in ein Konzert gehen werde. Erschienen am: 20. Mai 2017. In: Watson.ch. https://www.watson.ch/leben/flair%20&%20fair/503460172-eine-million-gruende-warum-ich-nie-wieder-in-ein-konzert-gehen-werde (Letzter Aufruf am 17. 7. 2018)

**JANKOVSKA, BIANCA:** Danke, aber ich scheiss auf mein neues Hobby. Erschienen am 9. Mai 2017. In: Watson.ch https://www.watson.ch/leben/popul%C3%A4rkultur/725851526-danke-aber-ich-scheiss-auf-mein-neues-hobby (Letzter Aufruf am 17. 7. 2018)

**JANKOVSKA, BIANCA:** Darf's noch ein bisschen Macht sein? Wenn vom Girlboss nichts übrig bleibt außer Ernüchterung. Erschienen am 26. Juni 2018. In: groschenphilosophin https://www.groschenphilosophin.at/2018/06/feministischer-girlboss-mythos-sophia-amoruso-kapitalismus/ (Letzter Aufruf am 17. 7. 2018)

**JEEVES, NICHOLAS:** The Serious and the Smirk: The Smile in Portraiture. Erschienen am: o. A. In: The Publica Domain Review http://publicdomainreview.org/2013/09/18/the-serious-and-the-smirk-the-smile-in-portraiture/ (Letzter Aufruf: 26. 6. 2018)

**LUNA, CALEB:** Romantic Love is Killing Us: Who Takes Care of Us When We Are Single? Erschienen am 22. Dezember 2017. In: The Body Is Not An Apology. https://thebodyisnotanapology.com/magazine/romantic-love-is-killing-us/ (Letzter Aufruf: 26. 6. 2018)

**PENNY, LAURIE:** Non-Compete Clause. Erschienen am 12. Oktober 2017. In: The Baffler. https://thebaffler.com/war-of-nerves/non-compete (Letzter Aufruf: 14. 4. 2018)

**PILZ, MICHAEL:** Wunderbare Wiederkehr. Erschienen am: 14. Juni 2018 In: Welt. https://www.welt.de/print/welt_kompakt/kultur/article177529624/Wunderbare-Wiederkehr.html (Letzter Aufruf: 16. 7. 2018)

**PLAGA, CORINNE; HAAK, JULIA:** Diese zehn Powerfrauen bewegen Berlin. Erschienen am 8. März 2016. In: Berliner Zeitung. https://www.berliner-zeitung.de/berlin/diese-zehn-powerfrauen-bewegen-berlin-23652448 (Letzter Aufruf: 15. 4. 2018)

**PROPHET, ISABELL:** Warum ich alleine reise – und wieso ich ganz klein angefangen habe. Erschienen am 1. April 2016. In: ze.tt. https://ze.tt/warum-ich-alleine-reise-und-wieso-ich-ganz-klein-angefangen-habe/ (Letzter Aufruf: 26. 6. 2018)

**ROBINSON, SARA:** Bring back the 40-hour Work Week. Erschienen am 14. März 2012. In: Salon. https://www.salon.com/2012/03/14/bring_back_the_40_hour_work_week/ (Letzter Aufruf: 6. 6. 2018)

**ROCHE, CHARLOTTE:** Holt euch endlich, was euch zusteht. Erschienen am 17. Mai 2018. In: Süddeutsche Zeitung Magazin. https://sz-magazin.sueddeutsche.de/charlotte-roche-jetzt-koennte-es-kurz-wehtun/holt-euch-endlich-was-euch-zusteht-85687 (Letzter Aufruf: 5. 6. 2018)

**ROTH, PHILIPP:** Offizielle Nutzerzahlen: Instagram in Deutschland und Weltweit. Editiert am 21. Juni 2018. Erschienen in: AllFacebook https://allfacebook.de/instagram/instagram-nutzer-deutschland (Letzter Aufruf: 14. 5. 2018)

## Magazine

HOHE LUFT, Ausgabe 1/2018

## Dokumentationen

LADY GAGA: Five Foot Two. Netflix

# ANMERKUNGEN

1 **ROCHE, CHARLOTTE:** «Holt euch endlich, was euch zusteht». Erschienen am 17. Mai 2018, in: *Süddeutsche Zeitung Magazin*. https://sz-magazin.sueddeutsche.de/charlotte-roche-jetzt-koennte-es-kurz-wehtun/holt-euch-endlich-was-euch-zusteht-85687 (Letzter Aufruf: 5.6.2018)

2 **HERRNBÖCK, ANNA LUCIE:** «Von Freundschaft und Beziehung: Warum ich ständig ein schlechtes Gewissen habe». Erschienen o. A., in: ZEITjUNG. https://www.zeitjung.de/schlechtes-gewissen-freunde-beziehung/ (Letzter Aufruf: 13.5.2018)

3 **LUNA, CALEB:** «Romantic Love is Killing Us: Who Takes Care of Us When We Are Single?» Erschienen am 22. Dezember 2017, in: The Body Is Not An Apology. https://thebodyisnotanapology.com/magazine/romantic-love-is-killing-us/ (Letzter Aufruf: 26.6.2018)

4 **BREGMAN, RUTGER:** «Utopien für Realisten», Rowohlt 2017, S. 218

5 Vgl. **BREGMAN**

6 Im Jahr 1933 verabschiedete der US-Senat ein Gesetz zur Einführung der 30-Stunden-Woche. Obwohl die Gesetzesvorlage aufgrund des Widerstands der Industrie im Repräsentantenhaus scheiterte, blieb die Verkürzung der Arbeitswoche das wichtigste Ziel der Gewerkschaften. 1938 wurde die Fünftagewoche schließlich gesetzlich festgeschrieben. (Bregman 2017: 132 f., Rowohlt Verlag)

7 **YOON JA-YOUNG**, «Smartphone leading to 11 hours' extra work a week», in: Korea Times

8 **PILZ, MICHAEL:** Wunderbare Wiederkehr. Erschienen am: 14. Juni 2018, in: Welt

9 **ROTMAN, DAVID:** «How Technology is Destroying Jobs». Erschienen am 12. Juni 2013, in: MIT Technology Review

10 **JANKOVSKA, BIANCA:** «5 Dinge, die jeder kritische Rezipient über Onlinejournalismus wissen sollte». Erschienen am 4. Juli 2016. In: groschenphilosophin.at. http://www.groschenphilosophin.at/2016/ 07/5-dinge-die-jeder-kritische-rezipient-ueber-onlinejournalis-mus-wissen-sollte/ (Letzter Aufruf: 26. 6. 2018)

11 **BREGMAN,** S. 180

12 **ROBINSON, SARA:** «Bring back the 40-hour Work Week». Erschienen am 14. März 2012, in: Salon.com.

13 **BRANDT, MATHIAS:** «Die guten Vorsätze der Deutschen». Erschienen am 14. Dezember 2017, in: Statista.com. https://de.statista.com/ infografik/781/gute-vorsaetze-fuer-das-neue-jahr/ (Letzter Aufruf: 13. 3. 2018)

14 **BREGMAN,** S. 180

15 Weitere Lektüre zum #Girlboss-Diskurs: **JANKOVSKA, BIANCA:** Darf's noch ein bisschen Macht sein? Wenn vom Girlboss nichts übrig bleibt außer Ernüchterung. Erschienen am 26. Juni 2018 In: gro-schenphilosophin https://www.groschenphilosophin.at/2018/06/ feministischer-girlboss-mythos-sophia-amoruso-kapitalismus/ (Letzter Aufruf am 17. 7. 2018)

16 **PLAGA, CORINNE; HAAK, JULIA:** «Diese zehn Powerfrauen bewegen Berlin». Erschienen am 8. März 2016, in: *Berliner Zeitung.* https:// www.berliner-zeitung.de/berlin/diese-zehn-powerfrauen-bewe-gen-berlin-23652448 (Letzter Aufruf: 15. 4. 2018)

17 **GÜMÜŞAY, KÜBRA:** Organisierte Liebe; https://www.youtube.com/ watch?v=BNLhT5hZaV8

18 **GERHARDT, DANIEL:** «Haben die jungen Leute das verdient?» Erschie-nen am 17. März 2016, in: ZEIT Online. https://www.zeit.de/kultur/ musik/2016-03/annenmaykantereit-generation-y-rockband (Letz-ter Aufruf: 26. 6. 2018)

19 Nach **RAYMOND WILLIAMS** ist Kultur «a ‹general process of intellec-

tual, spiritual and aesthetic development› (in: Keywords, 1983). A second use of the world culture is to describe a ‹particular way of life, whether of a people, a period or group›. By this definition we can think of developments such as literacy, the seaside holidays or youth cultures, while the third meaning – culture as signifying practices – allows us to speak of soap opera, comics or, as in this example, pop music.» Na also, Popmusik ist Kultur.

20 **SEEL, MARTIN**: «Wonnen der Arbeit, Mühen der Faulheit», in: *Hohe Luft*, Ausgabe 1/2018

21 **AJAYI, LUVVIE**: Get comfortable with being uncomfortable, https:// www.youtube.com/watch?v=QijH4UAqGD8

22 Siehe auch: **JANKOVSKA, BIANCA**: «Emotional Labour: Bitte Lächeln». Erschienen am 19. Dezember 2017, in: ZEIT Online. https://www. zeit.de/arbeit/2017-12/sexismus-emotional-labour-freundlichkeit-frauen (Letzter Aufruf: 27.6.2018)

23 **ROTH, PHILIPP**: Offizielle Nutzerzahlen: Instagram in Deutschland und Weltweit. Editiert am 21. Juni 2018, erschienen in: AllFacebook, https://allfacebook.de/instagram/instagram-nutzer-deutschland (Letzter Aufruf: 14.5.2018)

24 **DPA**: «Das verlorene Lächeln: Victoria Beckham wird 40». Erschienen am 16. April 2014. in: *Die Welt*. https://www.welt.de/newsticker/ dpa_nt/infoline_nt/boulevard_nt/article127008962/Victoria-Beckham-wird-40.html (Letzter Aufruf: 21.2.2018)

25 **JEEVES, NICHOLAS**: «The Serious and the Smirk: The Smile in Portraiture». Erschienen: o. A., in: The Publica Domain Review. http:// publicdomainreview.org/2013/09/18/the-serious-and-the-smirk-the-smile-in-portraiture/ (Letzter Aufruf: 26.6.2018)

26 **PROPHET, ISABELL**: «Warum ich alleine reise – und wieso ich ganz klein angefangen habe». Erschienen am 1. April 2016, in: ze.tt. https://ze.tt/warum-ich-alleine-reise-und-wieso-ich-ganz-klein-angefangen-habe/ (Letzter Aufruf: 26.6.2018)